Philip Kiefer (Hg.)

Da hüpfen selbst die Sommersprossen ... Die besten Kinderwitze

Foto: © privat

DER AUTOR

Philip Kiefer, geboren 1973 in Friedrichshafen am Bodensee, hat Literaturwissenschaften und Philosophie in Tübingen und Oxford studiert. Nach seinem Magisterabschluss arbeitete er kurzzeitig in einer PR-Agentur in München, bevor er sich Ende 2001 als Autor selbstständig machte. Unter anderem erstellte er Quizfragen für Handy-Spiele (»Wer wird Millionär?«), betrieb ein eigenes Online-Magazin für Kinder (»Riesenratz«) und veröffentlichte bis dato über 70 Bücher in namhaften Verlagen.

Von Philip Kiefer ist bei cbj erschienen:

Da lachen selbst Piraten (21924)
Das große Ferien-Quizbuch (22059)

Philip Kiefer (Hg.)

Da hüpfen selbst die Sommersprossen...

Die besten Kinderwitze

Mit Illustrationen
von Charlotte Wagner

cbj

cbj
ist der Kinder- und Jugendbuchverlag
in der Verlagsgruppe Random House

FSC
Mix
Produktgruppe aus vorbildlich bewirtschafteten Wäldern und anderen kontrollierten Herkünften
Zert.-Nr. SGS-COC-001940
www.fsc.org
© 1996 Forest Stewardship Council

Verlagsgruppe Random House FSC-DEU-0100
Das für dieses Buch verwendete FSC-zertifizierte Papier *München Super Extra* liefert Arctic Paper Mochenwangen GmbH.

2. Auflage
Erstmals als cbj Taschenbuch Juli 2010
Gesetzt nach den Regeln der Rechtschreibreform

Umschlagabbildung und Innenillustrationen:
Charlotte Wagner
Umschlaggestaltung: Basic-Book-Design,
Karl Müller-Bussdorf
IM · Herstellung: CZ
Satz: Uhl + Massopust, Aalen
Druck und Bindung: GGP Media GmbH, Pößneck
ISBN 978-3-570-22173-0
Printed in Germany

www.cbj-verlag.de

Inhalt

Da hüpfen selbst die Sommersprossen

Witze zu Urlaub, Sonne, Strand und Meer

Ein Weltraumtourist fragt den Astronauten: »Das da: Ist das der Mars oder die Venus?« Antwortet der Astronaut: »Keine Ahnung. Ich fliege diese Strecke auch zum ersten Mal.«

Ruft ein Hotelgast beim Portier an und meckert: »Das ist wirklich unerhört: Ich habe nun schon zum vierten Mal Frühstück aufs Zimmer bestellt!« Antwortet der Portier: »Freut mich sehr, dass es Ihnen bei uns so gut schmeckt.«

Ein Wüstenbewohner macht Urlaub in England. Als er zurückkehrt, fragt ihn ein Freund: »Na, wie war's?« »Super! Es hat jeden Tag in Strömen geregnet.«

Ein Ehemann schreibt aus dem Urlaub eine Ansichtskarte an seine Frau: »Hier stürmt und hagelt es. Jeden Tag Gewitter. Ich muss immer an dich denken.«

Ein Schotte hat Urlaub im Ausland gemacht. Als er wieder zu Hause ist, berichtet er einem Freund: »Der Urlaub war wirklich toll. Nur das Hotel ließ zu wünschen übrig: Jede Nacht trommelte ein Mann an meine Zimmertür und schrie wie verrückt.«
»Und was hast du gemacht?«
»Gar nichts. Ich habe einfach weiter Dudelsack gespielt.«

Fragt die Mutter: »Was hast du heute in der Schule gemacht?«
»Aus dem Fenster geschaut.«
»Warum denn das?«
»Na, die Sommerferien stehen doch vor der Tür.«

»Was war denn dein schönstes Erlebnis im Kletterurlaub?«
»Als der Gipsverband endlich wieder runterkam …«

Der kleine Hans fliegt zum ersten Mal. Als das Flugzeug schon lange in der Luft ist, fällt ihm ein, dass er auf die Toilette muss. Sagt er zu seiner Mutter: »Ich muss ganz dringend! Meinst du, der Pilot könnte kurz anhalten?«

Die kleine Uschi quengelt: »Wann bekomme ich denn endlich das Eis, das du mir versprochen hast?«
»In einer Stunde.«
»Aber das hast du doch schon vor zwanzig Minuten gesagt!«
»Na und, denkst du, ich ändere so schnell meine Meinung?«

»Was, du hast mit deiner Familie in drei Tagen ganz Rom besichtigt? Wie habt ihr denn das gemacht?«
»Ganz einfach: durch Arbeitsteilung. Meine Frau war für die Sehenswürdigkeiten zuständig, ich für die Kneipen und Restaurants und meine Tochter für die Einkaufsläden.«

Ein Ehepaar aus Hamburg macht Urlaub in den Alpen. Meint die Frau: »Herrlich, diese Landschaft, findest du nicht?«
»Stimmt schon, aber wenn man sich die Berge wegdenkt, sieht es hier auch nicht anders aus als in der Lüneburger Heide.«

Familie Brösel fährt in den Urlaub. Kurz vor der Grenze werden sie von der Polizei angehalten. Meint der Polizist: »Glückwunsch! Das ist heute das tausendste Auto, das die Grenze überqueren möchte. Deswegen erhalten Sie 1000 Euro. Was werden Sie mit dem Geld anstellen?« Antwortet der Fahrer: »Da werde ich wohl erst mal den Führerschein machen.« Darauf seine Frau: »Mein Mann redet Unsinn. Er ist total betrunken!« Ruft der taube Opa vom Rücksitz: »Habe ich euch nicht gesagt, dass wir mit dem geklauten Auto nicht weit kommen?!« Meldet sich schließlich eine Stimme aus dem Kofferraum: »Was ist? Sind wir schon über die Grenze?«

Zwei Berliner machen Urlaub in der Wüste. Sie treffen einen Beduinen und fragen ihn: »Wie weit ist es noch bis zum Meer?« Antwortet der Beduine: »200 Kilometer.« Darauf der eine Berliner zum anderen: »Dufter Strand, was?«

Oma Gertrud fragt ihren Enkel: »Waren die Windpocken bei dir auch so schlimm wie bei deinem Cousin Alfons?« »Nein, bei mir waren sie schlimmer – ich hatte sie in den Ferien.«

Ein deutsches Ehepaar macht Urlaub in New York. Bei einem Spaziergang im Park springt plötzlich ein Mann aus dem Gebüsch und fordert die Frau auf, ihr Geld rauszurücken. Als der Räuber weg ist, sagt die Frau zum Mann: »Du bist mir ja ein Held! Hättest du mir nicht helfen können?« Meint der Mann kleinlaut: »Wie denn? Ich spreche doch kein Wort Englisch.«

Georg hat seine Sommerferien in Portugal verbracht und berichtet seinen Freunden: »Wir haben auch einen Stierkampf gesehen. Wusstet ihr, dass Stiere farbenblind sind und das rote Tuch gar nicht erkennen können? Nur Esel erkennen das rote Tuch.«
»Ach ja, und warum reagiert ein Stier dann so wild, wenn man ihm ein rotes Tuch hinhält?«
»Ist doch klar: Er denkt, dass man ihn für einen Esel hält.«

Gespräch an der Rezeption eines Hotels: »Guten Tag, ich habe bei Ihnen ein Zimmer reserviert. Mein Name ist Hecht.«
»Mit fließendem Wasser?«
»Nein danke, ich heiße bloß so.«

Fragt Herr Huber einen Bekannten: »Stimmt es wirklich, dass deine Frau eine Reise nach Kanada gewonnen hat?«
»Im Prinzip schon. Allerdings war es nicht meine Frau, sondern deren Schwester. Und es war auch nicht Kanada, sondern Castrop-Rauxel. Und es war keine Reise, sondern ein Fahrrad. Außerdem hat sie es nicht gewonnen, sondern es wurde ihr gestohlen.«

Ein Schotte wird im Zug angesprochen:
»Na, wohin geht die Reise?«
»Nach Venedig. Es ist meine Hochzeitsreise.«
»Oh, und wo ist Ihre Frau?«
»Die ist zu Hause geblieben – sie kennt Venedig bereits.«

»Frau Krause, Sie sehen aber sehr erschöpft aus. Waren Sie krank?«
»Nein – mit der Familie im Urlaub.«

Susi findet am Strand ein Bikini-Oberteil. Ihr kleiner Bruder fragt: »Was ist denn das?«
»Hm, wahrscheinlich eine Bademütze für Zwillinge.«

Ernst und Uwe verbringen die Ferien im Zeltlager. Als die Freunde abends vor dem Zelt zusammensitzen, werden sie von Stechmücken attackiert. Meint Uwe: »Komm, wir setzen uns lieber dort rüber.« Nun lassen sich ein paar Glühwürmchen blicken. Meint Ernst: »Mist, jetzt suchen uns die blutrünstigen Biester schon mit Taschenlampen.«

Frau Schmidt tritt eine Urlaubsreise an. Im Flugzeug erhält sie von der Stewardess Kaugummi. »Das ist gegen den Druck auf den Ohren«, meint diese. Kurz vor der Landung richtet sich Frau Schmidt an die Stewardess: »Sagen Sie mal, wie bekomme ich das Zeug bloß wieder aus den Ohren raus?!«

Kommt der Schaffner ins Zugabteil und ruft: »Herrschaften, in zehn Minuten kontrolliere ich die Fahrkarten – fangen Sie also schon mal an zu suchen!«

Fridolin macht zum ersten Mal eine Seereise mit. Der Kapitän erklärt: »Dieses Schiff macht 20 Knoten.« Fragt Fridolin: »Aha, und wer macht die Knoten wieder auf?«

Anna wird von der Lehrerin gefragt: »Wo hast du die Sommerferien verbracht?«
»Wir waren in Österreich, Italien, Frankreich, Spanien und in Portugal.«
»Oh, dann kennst du dich jetzt sicher gut in Geografie aus.«
Anna überlegt: »Ähm, ja, ich glaube, da waren wir auch für ein paar Tage.«

Eine schottische Familie besucht Florenz. Ermahnt der Vater bei einer Stadtbesichtigung: »Dass ihr mir bloß keinen Blick auf diese Kirche da verschwendet – von der haben wir ein Bild zu Hause!«

Ein besorgter Urlauber fragt den Strandmeister:
»Hier gibt es aber doch keine Quallen, oder?«
»Nein, keine Sorge. Die weißen Haie fressen alles weg.«

Herr Zobel hat seinen Urlaub in Nordengland verbracht. Wieder zu Hause, erklärt er an seinem Stammtisch die englische Küche: »Es ist ganz einfach zu merken: Was kalt ist, das ist Suppe, was warm ist, das ist Bier.«

Kommt eine Frau in die Buchhandlung und sagt: »Ich suche einen mächtig spannenden Krimi für meinen Sommerurlaub.« Meint die Buchhändlerin: »Dann nehmen Sie diesen hier. Dieser Krimi ist spannend bis zum Schluss – erst auf der letzten Seite erfahren Sie, dass der Gärtner der Mörder war.«

Miss Porter reist mit der Postkutsche Richtung Westen. In einem kleinen Ort mitten in der Prärie hält die Postkutsche an. Nach zwei Stunden Wartezeit wird Miss Porter langsam ungeduldig und fragt den Kutscher: »Was ist denn los?« Antwortet der Kutscher: »Wir tauschen ein Pferd.«
»Aha, und warum dauert das so lange?«
»Wir tauschen es gegen Whisky.«

Gespräch an der Hotelrezeption:
»Guten Tag, haben Sie ein Zimmer frei?«
»Nein, leider ist alles ausgebucht.«
»Aber wenn der Papst käme, für den hätten Sie doch bestimmt ein Zimmer frei?«
»Ja, natürlich!«
»Gut, der Papst kommt nicht, Sie können mir also sein Zimmer geben.«

Herr Müller fährt mit dem Reisebus nach Italien. Vor einer Unterführung macht der Busfahrer plötzlich halt und flucht: »Mist, der Bus ist fünf Zentimeter zu hoch!« Rät Herr Müller: »Lassen Sie doch ein wenig Luft aus den Reifen, um den Bus abzusenken.« Entgegnet der Busfahrer: »So ein Unsinn! Die fünf Zentimeter habe ich doch oben zu viel – nicht unten!«

»Kein Grund zur Panik, ich hole Hilfe!«, sprach der Pilot des brennenden Urlaubsfliegers und sprang mit dem Fallschirm ab.

Herr Keller fragt seinen Freund: »Und, hast du schon Urlaubspläne geschmiedet?«
»War nicht nötig! Meine Frau hat bestimmt, wo wir unseren Urlaub verbringen, mein Chef, wann er stattfindet, und meine Bank, wie lange er dauert.«

Urlaub auf dem Bauernhof. Sagt der Bauer zu seinen Gästen: »Bei uns wird man morgens vom Hahn geweckt.« Antwortet der Familienvater: »Klingt prima! Stellen Sie ihn bitte auf halb acht.«

Fragt der Ehemann seine Frau: »Na, wie gefällt dir der Urlaub hier auf Mallorca?« Antwortet die Frau: »Einfach fantastisch: Die Wärme, der Strand, die Natur … das alles macht mich sprachlos.« Darauf der Mann: »Ach, das macht dich sprachlos? Dann bleiben wir zwei Wochen länger.«

Fragt ein Hotelgast den Portier: »Was war denn das für ein Mann, der heute Nachmittag in meinem Bett rumgewühlt hat?«
»Ach, das war nur der Direktor vom Flohzirkus – er hat hier das Jagdrecht gepachtet.«

Lutz packt seine Sachen fürs Ferienlager. Fragt die Mutter:
»Hast du denn auch deine Zahnbürste eingepackt?«
»Wozu denn? Ich dachte, es sind Ferien!«

Familie Kowalski macht im Urlaub eine Führung im Bauernmuseum mit. Erklärt der Museumsangestellte:
»Dies hier ist das Zimmer einer armen Bauernfamilie aus dem 18. Jahrhundert.« Flüstert Papa den Kindern zu:
»Na, von wegen arm – bei den vielen Antiquitäten hier.«

Der Feriengast ruft verärgert im Reisebüro an: »Sie haben in Ihrem Prospekt ein Hotelzimmer mit kilometerweitem Ausblick versprochen, doch alles, was ich sehe, ist das hässliche Gebäude auf der anderen Straßenseite!«
»Ja, wo schauen Sie auch hin – nach oben müssen Sie schauen, nach oben!«

Eine Familie ist mitten auf dem Flug nach Gran Canaria. Plötzlich fällt der Mutter ein: »Oje, ich habe vergessen, den Herd abzustellen. Jetzt wird uns das Haus abbrennen.« Meint der Vater gelassen: »Keine Sorge – ich habe vergessen, im Bad das Wasser abzudrehen …«

Fragt der Hotelgast an der Rezeption: »Wann sind denn hier Essenszeiten?« Antwortet der Portier: »Frühstück gibt es von 7–11 Uhr, Mittagessen von 11–15 Uhr, Kaffee von 15–18 Uhr und Abendessen von 18–23 Uhr.« Stöhnt der Gast: »Oje, da bleibt ja gar keine Zeit für Besichtigungen.«

»Papa, Papa, an der Tür ist eine Frau, die für das neue Hallenbad sammelt.«
»Gut, Junge, gib ihr einen Eimer Wasser.«

Funkt der Tower an den Piloten des Urlaubsfliegers: »Um Lärm zu vermeiden, schwenken Sie das Flugzeug bitte sofort nach rechts.« Funkt der Pilot zurück: »Wen soll der Fluglärm hier oben schon stören?!« Antwortet der Tower: »Der Fluglärm niemanden – aber die Explosion, wenn Sie mit dem Flugzeug zusammenstoßen, das auf Sie zukommt!«

Sagt im Sahara-Urlaub die Frau zum Mann: »Ziemlich abgelegen hier, oder nicht?«
»Das schon. Aber dafür gibt es jede Menge freier Parkplätze!«

Ein Schotte besucht London und möchte eine Sightseeing-Tour mit dem Bus machen. Er fragt: »Was kostet eine Stadtbesichtigung?« Antwortet der Busfahrer: »Zehn Pfund.« Darauf der Schotte: »Hier haben Sie fünf – ich bin auf einem Auge kurzsichtig.«

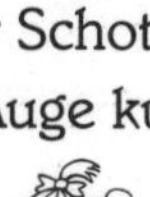

Fragt ein Beamter den anderen: »Wie war's im Urlaub?«
»Eigentlich genau wie im Büro: Man saß die ganze Zeit rum, tat nichts und wartete aufs Essen.«

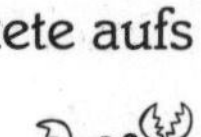

»Weißt du schon, was du in den Sommerferien machst?«
»In der ersten Woche werde ich mich in den Schaukelstuhl setzen und mich entspannen.«
»Und anschließend?«
»Anschließend werde ich vielleicht anfangen, ein wenig zu schaukeln.«

Im Urlaub erklärt Thomas: »Bin ich froh, dass ich nicht in Paris geboren wurde.«
»Warum denn?«
»Na, ich spreche doch kein Wort Französisch.«

Moritz darf die Sommerferien bei seinen Großeltern verbringen. Beim Abschied ermahnt ihn die Mutter: »Aber ärgere Opa bloß nicht mit deinen üblichen Streichen!« Antwortet Moritz frech: »Keine Sorge – mir wird schon was Neues einfallen.«

»Wie sieht's aus, hattest du bei deinem Urlaub in Spanien Probleme mit dem Sprachcomputer?«
»Ich nicht – aber die Spanier ...«

Die Lehrerin zu Gernot: »Du hast deine Sommerferien in Rom verbracht? Dann hast du doch sicher auch die berühmte Sixtinische Kapelle gesehen?«
»Nein, leider nicht. Die muss gerade auf Tournee gewesen sein …«

Mathilde kommt aus Spanien zurück und heult ihrer Freundin von der großen Liebe vor, die sie im Urlaub kennengelernt hat. Sie schluchzt: »Zum Abschied hat er mir eine Rose geschenkt und meinte, ich würde ihn wiedersehen, sobald sie verblüht ist.«
»Aber das ist doch nett!«
»Von wegen! Es ist eine Plastikrose!«

Rolf fragt Rainer: »Wie war dein Urlaub auf dem Bauernhof?«
»Sehr schön, aber kurz.«
»Warum denn kurz?«
»Das war so: Am ersten Tag wurden die Hühner krank, da gab es gegrilltes Huhn zum Essen. Am zweiten Tag wurde das Schwein krank, da gab es Schweinebraten. Am dritten Tag wurde die Katze krank – da bin ich abgehauen.«

Herr Grimm ist mit dem Geländewagen in der Wüste unterwegs. Fragt er einen Beduinen: »Können Sie mir sagen, wie ich zur nächsten Oase gelange?« Antwortet der Wüstenbewohner: »Fahren Sie einfach immer geradeaus. In zwei Tagen biegen Sie dann rechts ab.«

Ein Deutscher macht Urlaub in Tirol. Dort spricht er einen Bauern an: »Ein schöner Tag heute, nicht wahr?«
»Ja, ja.«
»Die Luft ist einfach herrlich!«
»Ja, ja.«
»Und dieser wundervolle Ausblick!«
»Ja, ja.«
Der Deutsche fängt an, sich über die Wortkargheit des Tirolers zu ärgern, und meint: »Aber viele dumme Leute gibt es hier...« Antwortet der Tiroler: »Ja, ja, aber die fahren zum Glück nach den Ferien alle wieder nach Hause.«

Frau Schulze plaudert mit ihrer Freundin: »Hat dein Sohn viele neue Eindrücke aus dem Ferienlager mitgebracht?«
»Eindrücke kaum – aber Ausdrücke!«

Ein Schotte macht zusammen mit seiner Frau Urlaub auf den Kanarischen Inseln. Ein Tag am Badestrand bekommt ihm aber nicht besonders gut: Er muss von einem Einheimischen aus dem Wasser gerettet werden. Meint die Frau anschließend: »Der Mann hat dir das Leben gerettet! Gib ihm zehn Euro.« Der Schotte gibt dem Einheimischen fünf Euro mit der Bemerkung: »Schließlich war ich nur halbtot, als Sie mich aus dem Meer gefischt haben.«

»Wie lange hat denn dein Urlaub gedauert?«
»Vierzehn Tage.«
»Und wo hast du ihn verbracht?«
»Erst war ich zwei Tage beim Bergsteigen – dann mit einem gebrochenen Bein zwölf Tage im Krankenhaus.«

Hella und Tom dürfen ihre Sommerferien auf einem Bauernhof verbringen. An einem Tag beobachten sie, wie die Kühe in den Stall getrieben werden. Tom ist begeistert: »Sieh mal, das ist fantastisch! Jede Kuh findet von selbst ihren Platz!« Meint Hella: »Was soll denn daran fantastisch sein?! An jedem Platz steht doch schließlich der Name der Kuh.«

Familie Wepper verbringt die Ferien in Italien. Papa hat nach langem Suchen endlich einen Parkplatz gefunden und sagt: »So, das Auto wäre abgestellt – jetzt müssen wir nur noch feststellen, in welcher Stadt wir sind.«

Kreuzfahrt auf hoher See. Sagt der Steward zu Frau Schneider, die sich beschwert hat: »Nein, gnädige Frau, es handelt sich nicht um einen Wasserrohrbruch – das Schiff sinkt!«

Die kleine Frieda steht auf dem Gehsteig und weint. Eine Passantin will sie trösten: »Warum weinst du denn, mein Kind?«
»Weil ich keine Sommerferien bekomme!«
»Und warum bekommst du keine Sommerferien?«
»Weil ich noch nicht zur Schule gehe.«

»Ich habe gehört, ihr fahrt dieses Jahr doch nicht nach Spanien?«
»Wer erzählt denn so einen Unsinn?! Nicht nach Spanien sind wir letztes Jahr gefahren. Dieses Jahr fahren wir nicht nach Schweden.«

Der Page zum Portier: »Der Hotelgast in Zimmer 12 hat einen Lachkrampf bekommen. Soll ich einen Arzt rufen?«
»Nicht nötig. Hier, zeigen Sie ihm seine Rechnung!«

Ein Passagier zum Mann am Flughafenschalter: »Hier mein Ticket nach London. Könnten Sie den großen Koffer nach Rom schicken und den kleinen nach Paris?«
»Tut mir leid, das ist leider nicht möglich.«
»Das freut mich! Letztes Jahr ist mir bei Ihrer Fluggesellschaft nämlich genau das passiert!«

Fragt der Lehrer: »Nun, Wolfgang, hast du in den Sommerferien viel erlebt?«
»Na, und ob!«, jubelt Wolfgang, doch nach kurzem Überlegen fügt er hinzu: »Aber für einen Aufsatz wird es nicht reichen...«

Herr und Frau Meier machen Urlaub an der Nordsee. Als sie ankommen, ist gerade Ebbe. Meint Herr Meier zu seiner Frau: »Typisch, kaum kommen wir an, haut das Meer ab!«

Helga und Birgit sind Schwestern. Für die Sommerferien haben sie einen Ferienjob gefunden: frühmorgens Zeitungen austragen. Doch eines Abends sagt Helga: »Du, wenn es morgen regnet, tragen wir die Zeitungen nicht aus. Abgemacht?« Birgit erwidert: »Abgemacht!« Am nächsten Morgen regnet es tatsächlich in Strömen. »Wunderbar«, denkt sich Helga, »dann kann ich ja ausschlafen.« Erst gegen zehn steht Helga auf und begegnet Birgit, die gerade nach Hause kommt. Fragt Helga: »Wo warst du denn?« Antwortet Birgit: »Ach, weißt du: Ich habe gedacht, wenn wir die Zeitungen schon nicht austragen, dann muss ich wenigstens allen Leuten Bescheid sagen, dass sie heute auf ihre Morgenlektüre verzichten müssen …«

Der Zugschaffner erbost zum Schotten: »Also, entweder Sie zahlen jetzt für diese Fahrt oder ich werfe Ihren Koffer aus dem Fenster!« Meint der Schotte: »Na toll: Erst wollen Sie mich in den Ruin treiben – und dann auch noch meinen Sohn umbringen!«

Harald beschwert sich: »Wie bitte, ich soll Eintritt bezahlen?! Ich dachte, das wäre ein Freibad!«

Sagt der Fahrgast zum Taxifahrer: »Los, machen Sie schnell, ich muss das 8-Uhr-Flugzeug nach Mallorca erreichen.«
»Tut mir leid, aber das wird wohl nicht mehr klappen. Diese Maschine startet immer pünktlich.«
»Heute nicht – ich bin der Pilot!«

Fragt die Lehrerin den Schüler: »Ralf, wo würdest du denn gerne die Sommerferien verbringen?«
»Am liebsten in Sicht!«
»Wo soll das denn sein?«
»Keine Ahnung, aber der Mann von der Wettervorhersage meinte gestern: ›Schönes Wetter in Sicht‹.«

»Wo habt ihr die Sommerferien verbracht?«
»In Schottland. Wir sind im Loch Ness gesegelt.«
»Und, wie war's?«
»Ungeheuerlich!«

»Wie war das Hotel an deinem Urlaubsort?«
»Ich habe mich wie zu Hause gefühlt – auch so 'ne Bruchbude …«

Erklärt der Lehrer: »Bei Hitze dehnen sich Dinge aus, bei Kälte ziehen sie sich zusammen. Wer kann mir dafür ein Beispiel nennen?« Meldet sich ein Junge: »Ich weiß eins: Im Sommer ist es heiß, im Winter kalt.«
»Ja, und?«
»Na, die Sommerferien dauern sechs Wochen, die Winterferien nur zwei.«

Opa Alfred berichtet seinem Enkel vom letzten Abenteuerurlaub: »In der Wüste Sahara wurde ich von zwei Löwen angegriffen. Ich konnte mich gerade noch auf den nächsten Baum retten.«
»Aber Opa, in der Wüste gibt es doch überhaupt keine Bäume.«
»Das war mir in diesem Moment egal.«

»Na, wie war dein Urlaub?«
»Das Wetter war prima, das Essen erste Sahne und die Leute waren sehr freundlich.«
»Also ein schöner Urlaub?«
»Leider nicht. Der Fernseher im Hotelzimmer war kaputt …«

Tante Brigitte nimmt die freche Monika mit in den Mallorca-Urlaub. Einen Tag nach der Ankunft telegrafiert sie deren Eltern: »Monika o. k., ich k. o.«.

Fragt ein Hotelgast das Zimmermädchen: »Ist die Bettwäsche denn sauber?«
»Aber selbstverständlich! Ihr Vorgänger hat jeden Morgen im Pool gebadet.«

»Fahrt ihr dieses Jahr wieder nach England in den Urlaub?«
»Nein, dieses Jahr bleiben wir zu Hause. Papa meinte, hier ist der Regen billiger.«

Der Portier eines Hotels sagt zu dem abreisenden Gast: »Wir würden uns freuen, wenn Sie uns weiterempfehlen würden.« Antwort: »Sehr gerne. Ich muss mir nur noch überlegen, wem ich eins auswischen will.«

Darüber lacht der Erdball

Witze aus aller Welt

Fragt ein ägyptisches Kind seinen Vater: »Papa, stimmt es eigentlich, dass Nilkrododile Seide fressen?«
»Nein. Wie kommst du denn auf so was?«
»Na, im Schaufenster lag ein Schild bei einer Handtasche: ›Krokodil, mit Seide gefüttert‹.«

Fahren zwei Freunde im Nachtzug Richtung Indien. Mitten in der Nacht muss einer der beiden raus. Als er zurückkommt, weckt er den anderen auf:
»Du, wir sind schon da!«
»Was, jetzt schon? Wir können doch unmöglich bereits in Indien sein!«
»Doch. Draußen hängt ein Schild, auf dem steht: ›Toiletten am Ende des Ganges‹.«

Paula ruft ihren Onkel an, der in England lebt. Sie fragt: »War bei euch letzte Woche auch so ein Unwetter?«
»Nein, hier hat es nur zweimal geregnet: einmal vier Tage und einmal drei Tage lang.«

Fragt in Island ein Vulkan den anderen: »Stört's dich, wenn ich rauche?«

Die Sekretärin einer Tageszeitung überreicht dem Chefredakteur einen Brief mit den Worten: »Unser Korrespondent in der Sahara beklagt sich über Wassermangel.«
»Schon wieder?«
»Ja, aber diesmal scheint es ernst zu sein – er hat den Brief mit einer Sicherheitsnadel zugemacht.«

Fragt der Polizist auf einem Polizeirevier in Prag:
»Wie ist Ihr Name?«
»Czykweizcic-Bozcimec.«
»Aha – und wie schreibt man das?«
»Mit Bindestrich.«

Am Hafen in Genua will ein Mann unbedingt noch ein Schiff erreichen. Er springt vom Ufer ab, schafft es, sich mit den Armen an der Reling festzuhalten, und zieht sich an Bord. Kommt ein Matrose und meint: »Nicht schlecht! Aber die paar Sekunden hätten Sie doch noch abwarten können, bis wir anlegen.«

In Miami fragt an einer Straßenecke ein Mann einen anderen: »He, haben Sie einen Polizisten gesehen?«
»Nein, tut mir leid.«
»Dann her mit Brieftasche und Armbanduhr!«

Ein amerikanischer Multimillionär steigt in einem Hotel in New York ab. Als er ein einfaches Zimmer verlangt, meint der Portier: »Aber Mister, wenn Ihr Sohn hier residiert, leistet er sich immer die Präsidenten-Suite.« Antwortet der Millionär: »Ja, wissen Sie – mein Sohn hat das Glück, einen reichen Vater zu haben.«

Treffen sich zwei Eskimos in der Wüste. Sagt der eine:
»Ein ziemlich strenger Winter hier!«
»Warum?«
»Alles gestreut.«

»Du, Papa, eine Frage: War der ›Stille Ozean‹ schon immer still?«
»Fällt dir keine blödere Frage ein?!«
»Doch: War das ›Tote Meer‹ lange krank, bevor es gestorben ist?«

In Afrika befinden sich zwei Männer auf Großwildjagd. Plötzlich sehen sie die Spuren eines riesigen Löwen im Sand. Meint der eine: »Lass uns dem Löwen folgen!« Antwortet der andere mit zitternder Stimme: »Ja, gut. Sieh du nach, wohin er gegangen ist – ich finde heraus, woher er kam.«

Das Haus einer berühmten Filmschauspielerin in Hollywood steht in Flammen. Die Feuerwehr ist mit dem Sprungtuch angerückt. Ruft der Feuerwehrhauptmann der Schauspielerin zu, die im ersten Stock festsitzt: »Nun springen Sie schon!« Meint jene: »Was, ich soll selbst springen? Wo ist mein Double?!«

Kommt eine Frau in Norwegen zum Fischhändler und fragt: »Was kosten bei Ihnen zwei Kilo Schellfisch?«
»Das macht 50 Kronen.«
»Was, so viel? Da kaufe ich lieber woanders.« So verabschiedet sich die Frau, doch bereits nach einer Viertelstunde kehrt sie wieder. »Bei Ihrer Konkurrenz ist der Fisch leider aus – aber dort kostet er nur 30 Kronen!«
»Ja, meine Dame. Wenn der Fisch bei mir aus ist, kostet er sogar nur 20 Kronen …«

Der Burj Dubai ist ein 818 Meter hoher Wolkenkratzer. Eines Tages fährt ein Vater mit seinem Sohn ins oberste Stockwerk. Der Aufzug saust nach oben: 10. Stockwerk, 50. Stockwerk, 100. Stockwerk. Fragt plötzlich ängstlich der Kleine: »Du, Papa, weiß denn der liebe Gott, dass wir kommen?«

Berichtet der englische Butler dem Lord: »Eure Lordschaft, das Klavier im Wohnzimmer ist verstimmt.« Darauf fragt der Lord: »Worüber denn?«

Unterhalten sich zwei Amerikaner. Erzählt der eine: »Ich habe in Kalifornien einen waschechten Indianerhäuptling und seine beiden Söhne kennengelernt. Der Häuptling heißt ›Fließendes Wasser‹.«
»Interessant! Und die Söhne?«
»›Heiß‹ und ›Kalt‹.«

Fragt der Lehrer: »Was ist weiter weg: Australien oder der Mond?« Antwortet ein Schüler: »Australien.«
»Wie kommst du denn darauf?«
»Na, den Mond kann ich sehen, Australien nicht.«

»Hallo Otto, gibt's was Neues?«
»Ja, mein Bruder hat geheiratet. Eine Polin.«
»Interessant – kommt sie vom Nord- oder vom Südpol?«

Erklärt eine italienische Hausfrau ihrer Tochter: »Als du noch ein Baby warst, musste ich oft 25 Stunden am Tag arbeiten.«
»Aber ein Tag hat doch nur 24 Stunden.«
»Da siehst du es: Ich musste sogar eine Stunde früher anfangen.«

Ein Reisender besucht eine Farm in Westafrika. Er fragt den Farmer: »Können Sie von dem leben, was Sie mit dieser Farm erwirtschaften?«
»Oh nein!«
»Und wie können Sie die Farm dann halten?«
»Das Prinzip ist ganz einfach: Ich habe einen Angestellten, den ich nicht bezahlen kann. Wenn ich ihm so viel schulde, wie die Farm wert ist, überschreibe ich ihm die Farm.«
»Und dann?«
»Dann arbeite ich für ihn, so lange, bis er mir die Farm wieder überschreibt...«

Sagt in Rom ein Kardinal zum Papst: »Ich habe eine gute und eine schlechte Nachricht für dich.«
»Zuerst die gute.«
»Gott hat vorhin angerufen. Er weilt wieder auf der Erde.«
»Und die schlechte?«
»Es war ein Ferngespräch aus Saudi-Arabien – aus Mekka.«

Wir schreiben das Jahr 2040. Ein amerikanisches Raumschiff landet auf dem Mars. Funken die Astronauten zum Mars: »So ein Mist! Die Chinesen waren vor uns hier und haben den ganzen Mars rot angemalt.« Funkt der amerikanische Präsident zurück: »Macht nichts! Nehmt weiße Farbe und schreibt ›Cola‹ darüber.«

Pling Plong, der chinesische Schiffskoch auf einem russischen Schoner, wird von den Matrosen oft geärgert. Doch eines Tages meint der Maat: »Du bist ein netter Kerl – ab heute werde ich dafür sorgen, dass dich die Mannschaft in Ruhe lässt.« Antwortet Pling Plong: »Plima! Dann ich auch nicht mehl machen Pippi ins Essen.«

Auf Zypern geht ein Grieche zur Bank und sagt: »Ich möchte bei Ihnen gerne ein Gyroskonto eröffnen.« Antwortet der türkische Bankangestellte: »Das ist heute leider nicht möglich – kommen Sie am Dönerstag wieder.«

Treffen sich zwei Pilger auf dem Jakobsweg. Fragt der eine: »Wo bist du zu Hause?« Antwortet der andere: »Nirgends. Und du?«
»Ich glaube, wir sind Nachbarn.«

Ein arabischer Scheich besucht England. Er ist von dem Land begeistert und sagt beim Abschied: »Euer Land ist wirklich wunderbar – allerdings sollte man es überdachen!«

Ein New Yorker Börsenmakler zu seinem Freund: »Gestern habe ich meinem Jungen erklärt, was ein Dollar wert ist.«
»Und?«
»Jetzt will er, dass ich ihm sein Taschengeld in Euro ausbezahle.«

Ein Franzose und ein Engländer werden in Afrika von einem Eingeborenenvolk gefangen genommen. Der Häuptling fordert: »Wenn euch euer Leben lieb ist, dann sammelt in dieser Einöde sofort 10 Früchte!« Die beiden Gefangenen machen sich also auf die Suche. Nach einer Stunde kommt der Franzose mit zehn Beeren zurück. Der Häuptling: »Stecke dir nun diese zehn Früchte in die Nase, dann bist du frei.« Darauf beginnt der Franzose zu kichern. Der Häuptling fragt, was los sei. Darauf der Franzose: »Weißt du, ich habe vorhin den Engländer beobachtet – er sammelt Kokosnüsse!«

Eine Bank in Luxemburg wurde beraubt. Die Beute beträgt eine Million Euro, aber der Bankdirektor meint zum Journalisten: »Schreiben Sie, es wurden zwei Millionen Euro gestohlen – dann bekommt der Dieb wenigstens zu Hause einen Riesenärger.«

Eine Schottin zu ihrer Nachbarin: »Endlich weiß ich, warum mein Mann so viel Geld sparen kann.«
»Und warum?«
»Na, ich gebe ihm jeden Tag fünf Euro für den Bus mit – aber er fährt per Anhalter!«

Meint ein Engländer zum anderen: »Sag mal, warum beantwortest du eigentlich jede Frage mit einer Gegenfrage?«
»Tu ich das?«

Ein Gericht in Grönland. Fragt der Richter den Angeklagten: »Wo waren Sie in der Nacht vom 1. Oktober bis 1. März?«

In der amerikanischen Prärie fragt der Cowboy einen Indianer: »Sag mal, wie viel Holz brauchst du eigentlich, um Rauchzeichen zu machen?« Antwortet der Indianer: »Kommt ganz darauf an.«
»Worauf?«
»Na, ob es sich um ein Ortsgespräch oder ein Ferngespräch handelt.«

Der dänische Leuchtturmwärter erzählt beim Stammtisch: »Mist, ich habe meinen Job verloren.«
»Aber warum denn?«
»Ich habe beim Zubettgehen immer das Licht ausgemacht.«

Betritt in Rom ein Teenager einen Friseursalon. Fragt der Friseur: »Was darf's sein?« Antwortet der Teenager: »Könnten Sie bitte meine Vespa frisieren?«

»Ist es wirklich wahr, dass in Florida die Sonne an 365 Tagen im Jahr scheint?«
»Na, und ob! Und das ist noch eine sehr vorsichtige Schätzung.«

Erzählt Flora ihrer Freundin: »Du, vielleicht bekomme ich bald ein chinesisches Geschwisterchen.«
»Wieso denn das?«
»Na, wir sind doch zu Hause drei Geschwister, und ich habe gelesen, dass jedes vierte Kind, das zur Welt kommt, ein Chinese ist.«

Ein Holländer kommt aufgeregt ins Polizeipräsidium und verkündet: »Mein Auto wurde gestohlen! Gerade als ich beim Kiosk eine Zeitung kaufen wollte, ist jemand damit weggefahren.« Fragt der Polizist: »Und was haben Sie dann gemacht?«
»Ich habe das Kennzeichen notiert.«

Der Sohn eines arabischen Ölscheichs studiert in München. In einem Brief an den Vater schreibt der Sohn: »Es ist mir richtig peinlich, dass ich mit einem goldenen Porsche vorfahre und die anderen Studenten mit der Straßenbahn zur Uni kommen.« Im Antwortbrief sendet der Scheich 10 Millionen Euro mit den Worten: »Du sollst uns keine Schande machen – geh und kaufe dir auch eine Straßenbahn!«

Ein Amerikaner, ein Engländer und ein Schotte sind zu einer Hochzeit eingeladen. Der Amerikaner zum frisch gebackenen Ehepaar: »Ich schenke euch Esszimmermöbel für sechs Personen.« Darauf der Engländer: »Und ich schenke euch ein komplettes Teeservice für sechs Personen.« Nun ist der Schotte an der Reihe: »Ähm … und ich schenke euch ein Teesieb für sechs Personen.«

Die italienische Lehrerin zum kleinen Maurizio: »Kannst du dich nicht mal waschen? Du bist um den Mund rum ganz verschmiert – ich kann sogar erkennen, was es bei euch gestern zu Mittag gab: Spaghetti Bolognese.« Erwidert Maurizio: »Falsch geraten! Spaghetti gab's vorgestern.«

Ein texanisches Ehepaar feiert seine Silberhochzeit in Paris, wohin es auch schon die Hochzeitsreise geführt hat. Als das Ehepaar den Eiffelturm besichtigt, meint die Frau zum Mann: »25 Jahre – und die Jungs hier sind mit diesem riesigen Bohrturm immer noch nicht auf Öl gestoßen!«

Fragt der Enkel: »Sag mal, Opa. Was hast du eigentlich früher beruflich gemacht?«
»Ich war Holzfäller in der Wüste Sahara.«
»Aber in einer Sandwüste gibt es doch gar keine Wälder.«
»Da siehst du mal, wie hart ich gearbeitet habe!«

Kommt ein Schotte in den Baumarkt und fragt den Verkäufer: »Haben Sie Stahlschrauben?« Antwortet jener: »Selbstverständlich. Wie lange?« Darauf der Schotte: »Ach – verleihen Sie die auch?«

Der Papst will in Rom ein Schwimmbad besuchen, doch er wird nicht reingelassen. Begründung: »Eine falsche Handbewegung, und schon ist alles Weihwasser!«

Fragt eine Frau den Gemüsehändler in Brüssel:
»Sind das auch ganz sicher belgische Kartoffeln?«
»Wieso? Wollen Sie die Kartoffeln essen oder sich mit ihnen unterhalten?«

Ein junger Mann ist in Russland mit dem Zug unterwegs. Als er Hunger bekommt, fragt er den Schaffner:
»Entschuldigung, können Sie mir sagen, ob es bei der nächsten Station etwas zu essen gibt?«
»Ja, mein Herr.«
»Und auch zu trinken?«
»Selbstverständlich, mein Herr.«
Reibt sich der junge Mann die Hände und sagt: »Au fein! Wie lange hat der Zug denn Aufenthalt?« Antwortet der Schaffner: »Leider gar keinen, mein Herr – der Zug fährt durch.«

In einer Bank an der New Yorker Wall Street meldet die Sekretärin dem Bankdirektor: »Herr Direktor, der Kassierer Thomson ist spurlos verschwunden!«
»Wie bitte?! Dann kontrollieren Sie sofort den Tresorraum!«
»Habe ich schon gemacht – da ist er auch nicht …«

Treffen sich ein Engländer, ein Franzose und ein Deutscher. Meint der Engländer: »Unsere Sprache ist schwierig: Man schreibt ›please‹, aber spricht ›plihs‹.« Der Franzose: »Unsere Sprache ist ebenfalls schwierig. Bei uns schreibt man ›plaît‹, aber spricht ›plä‹.« Darauf der Deutsche: »Unsere Sprache ist am schwierigsten. In Deutschland schreibt man ›Wie bitte?‹, aber sagen tut man ›Hä?‹.«

»Weißt du schon, wie man einen Dieb in China nennt?«
»Nein, wie?«
»Langfing. Und wie nennt man einen chinesischen Polizisten?«
»Keine Ahnung!«
»Langfingfang. Und einen chinesischen Polizeihund?«
»Langfingfangwau?«
»Genau!«

Die italienische Gräfin zu ihrem Dienstmädchen: »Sagen Sie mal, können Sie die Teppiche nicht stärker klopfen?«
»Nein, das geht nicht.«
»Und warum nicht?«
»Dann staubt's!«

Der Diener zum schottischen Grafen: »Herr Graf, bitte verzeihen Sie mir, aber ich habe nun schon vier Monate lang keinen Lohn erhalten.« Erwidert der Graf: »Ich verzeihe Ihnen.«

Ein Mann aus Alaska und ein Mann aus Texas unterhalten sich. Meint der Mann aus Alaska: »Bei uns ist es so kalt, dass die Milch in den Eutern der Kühe gefriert, wenn wir kein Feuer machen.« Entgegnet der Texaner: »Und bei uns ist es so heiß – wenn wir die Hühner nicht mit Eis füttern, dann legen sie hartgekochte Eier.«

Sagt Kalle zu seinem Freund: »Ich habe früher lange darüber nachgedacht, warum Engländer lieber Tee als Kaffee trinken. Jetzt weiß ich es endlich!«
»Und wieso?«
»Ich habe ihren Kaffee probiert.«

Mama Maria berichtet am Frühstückstisch: »In der Zeitung steht, dass der Vesuv ausgebrochen ist.« Erwidert der kleine Pepe: »Macht nichts. Sie werden ihn sicher bald wieder einfangen.«

Der Antreiber zu den Sträflingen auf einer spanischen Galeere: »Ich habe eine gute und eine schlechte Nachricht für euch. Zuerst die gute: Heute gibt es zum Mittagessen die doppelte Ration. Und jetzt die schlechte: Der Kapitän will nach dem Mittagessen Wasserski fahren.«

Auf einer Südseeinsel. Meint Benni zu seinem Vater: »Lass uns hier abhauen – hier wimmelt es von Kannibalen!«
»Wie kommst du denn darauf?«
»Ich habe einen Prospekt gelesen, in dem steht, dass sich die Inselbewohner von den Touristen ernähren.«

Giuseppe wird italienischer Schwimmweltmeister. Fragt ihn ein Reporter: »Wo haben Sie so gut Schwimmen gelernt?« Antwortet Giuseppe: »Ich war mehrere Jahre als Laufbursche in Venedig tätig.«

Ein Schotte will in seinem Garten einen Baum pflanzen. Also schaut er sich in einer Gärtnerei nach einem günstigen Exemplar um. Ein großer Kastanienbaum gefällt ihm besonders gut. Er fragt den Gärtner: »Was soll denn dieser Baum kosten?«
»500 Euro.«

Der Schotte fällt aus allen Wolken und sagt, als er seine Sprache wiedergefunden hat: »Das ist mir zu teuer. Aber dieses kleine Bäumchen hier – was kostet das?«
»Das kriegen Sie für 20 Euro. Aber es wird gut zehn Jahre dauern, bis daraus ein stattlicher Baum wird.«
»Macht nichts, das nehme ich. In zehn Jahren hole ich es dann ab.«

Kommt der Holzwurm nach Hause und meint zu seiner Frau: »Ich habe erfahren, dass heute Abend eine Ladung Holz aus Peking eintrifft. Hast du Lust, chinesisch essen zu gehen?«

Fragt der Lehrer: »Aus welchem Land kommst du?«
»Aus Bahrain.«
»Wie buchstabiert man das?«
»Ach wissen Sie, eigentlich komme ich ja aus Oman.«

Kommt ein finnischer Rentier-Händler vom Markt zurück. Fragt seine Frau: »Hast du gute Geschäfte gemacht?« Antwortet der Finne: »Ja – es hat sich rentiert.«

Die Holländer erklären China den Krieg und kündigen an: »Wir werden mit 1000 Soldaten und fünf Panzern einmarschieren.« Antworten die Chinesen: »Wir nehmen die Kriegserklärung an. Übrigens haben wir zwei Millionen Soldaten und 10 000 Panzer.« Daraufhin telegrafieren die Holländer: »Wir ziehen die Kriegserklärung zurück – nicht genügend Betten für die Gefangenen!«

In Amerika unterhalten sich zwei Vertreter. Prahlt der eine: »Mir ist das Geschäft meines Lebens gelungen. Ich habe gestern 1000 Kühlschränke nach Grönland verkauft, obwohl es dort sowieso kalt genug ist.« Darauf der andere: »Das ist noch gar nichts. Ich habe 1000 Kuckucksuhren nach Frankreich verkauft.«
»Aber das ist doch nichts Besonderes.«
»Doch! Es werden 1000 Tonnen Vogelfutter mitgeliefert.«

Erzählt ein junger Spanier stolz einer Urlauberin:
»Ich lebe vom Schreiben!«
»Aha, und was schreibst du so?«
»Briefe an meine Verwandten – dass sie mir Geld schicken sollen.«

Michael blättert neugierig in einer Reisezeitschrift und fragt seinen Vater: »Du Papi, wo liegt eigentlich Afrika?«
»Keine Ahnung! Frag Mutti – sie ist es doch, die fürs Aufräumen zuständig ist.«

Will ein Mann ein Krokodil aus Afrika schmuggeln. An der Grenze wird er vom Zöllner gefragt: »Haben Sie etwas zu verzollen?« Antwortet der Mann: »Nein.« Da entdeckt der Zöllner das Krokodil; an beiden Ohren des Tiers klebt eine Brötchenhälfte. Fragt der Zöllner: »Und was ist das?«
»Ach, ich habe eine lange Reise vor mir – das ist meine Zwischenmahlzeit.«

Spricht die alte Zigeunerin am Abend zu ihrem Mann: »Reich mir deine Hand, Liebling. Ich will vor dem Schlafengehen noch ein wenig lesen.«

Ulli kommt aus der Schule und klagt: »Heute hatten wir drei Stunden Englisch!« Tröstet ihn seine Mutter: »Mach dir nichts daraus – englische Kinder haben das den ganzen Tag.«

Ein Zeitungsjunge in New York ruft aus: »Großer Schwindel! Bereits 60 Opfer!« Kauft ein Mann eine Zeitung und fragt neugierig: »Was ist denn das für ein großer Schwindel? In der Zeitung steht ja gar nichts darüber!« Ruft der Zeitungsjunge: »Großer Schwindel! Bereits 61 Opfer!«

Nona Canaletta beschwert sich bei Signore Dozetti: »Stellen Sie sich vor: Ihr Sohn hat mich eine ›alte Kuh‹ genannt. Bestrafen Sie ihn!«
»Das werde ich sofort tun! Ich habe meinem Junior schon tausendmal gesagt, dass er Menschen nicht nach ihrem Äußeren beurteilen soll.«

Ein Lehrer in Hollywood zu einer Schülerin:
»Dein Aufsatz gefällt mir sehr gut, aber ...«
»Aber?«
»Aber was bitte schön bedeutet der Hinweis am Ende: ›Alle Rechte, einschließlich Verfilmung und Übersetzung, vorbehalten!‹?«

Ein Amerikaner besucht seinen italienischen Freund. Als die beiden den Vesuv besichtigen, meint der Italiener: »Na, was denkst du? So einen Vulkan habt ihr bei euch drüben nicht!« Darauf der Amerikaner: »Nein, das nicht. Aber dafür haben wir die Niagarafälle – damit könnten wir euren Vesuv locker auslöschen.«

Der Diener zum schottischen Grafen: »Herr Graf, der Gemüsehändler ist schon wieder hier, und er will dieses Mal so lange bleiben, bis die Rechnungen bezahlt sind.« »Ist gut, James. Sagen Sie Miss Porter Bescheid, dass sie das Gästezimmer herrichten soll.«

Fragt der Rabbi den Schüler: »Sag, wie stellst du dir das Land vor, in dem Milch und Honig fließen?« Antwort: »Ziemlich klebrig.«

Ostfriesen, Schwaben, Bayern & Co.

Witze aus deutsch-sprachigen Regionen

Ein Ostfriese bestellt eine Pizza. Fragt der Pizzabäcker: »Soll ich die Pizza in vier oder acht Stücke teilen?«
»Lieber nur in vier. Acht Stücke – so viel verdrücke ich nicht.«

Der ostfriesische Junge schaut sich im Fernsehen das Kinderprogramm an. Mitten in einer Sendung schaltet er das TV-Gerät ab und steht auf. Fragt die Mutter: »Was ist denn los? Gefällt dir die Sendung nicht?«
»Na, und ob! Aber ich muss mal dringend aufs Klo – und ich will nichts verpassen!«

Ein Deutscher macht eine Geschäftsreise in die Schweiz. Am Bahnhof fragt er einen Einheimischen: »Entschuldigen Sie bitte, wo kann ich eine Fahrkarte kaufen?«
»Das heißt hier nicht Fahrkarte, sondern Billett!«
»Aha. Also: Wo kann ich hier ein Billett kaufen?«
»Am Fahrkartenschalter.«

Ein Wiener, ein Tiroler und ein Burgenländer sitzen seit mehreren Jahren auf einer einsamen Insel fest. Als sie eines Tages beim Fischen das Netz einziehen, merken sie, dass sich eine Nixe darin verfangen hat. Diese sagt: »Bitte befreit mich – dann erfülle ich jedem von euch einen Wunsch!« Die Nixe wird sofort befreit, und der Wiener wünscht sich als Erstes: »Ich möchte gerne auf dem Wiener Prater Riesenrad fahren.« Schwupp, schon ist er weg. Nun wünscht sich der Tiroler: »Ich möchte gerne in meiner Heimat Tirol auf einen Berg steigen.« Schwupp, schon ist er weg. Der Burgenländer überlegt einen Moment, dann sagt er: »Hm, ohne meine beiden Kumpels ist es ziemlich langweilig hier. Ich wünschte, sie wären wieder hier!«

Beschwert sich in einem Dresdner Lokal ein Gast: »Herr Ober, die Schnitzel wer'n hier aber och immer kleener!«
»Nur eine optische Täuschung – wir haben das Lokal vergrößert.«

Eine Berlinerin zu ihrem Mann: »Findste nich, det mich die Schlammmaske jünger macht?«
»Stimmt! Behalt se doch einfach druff!«

Ein Ostfriese im Elektrogeschäft: »Drei kaputte Glühbirnen, bitte.«
»Wozu brauchen Sie die denn?«
»Ich will mir zu Hause eine Dunkelkammer einrichten.«

Eine ostfriesische Familie ist nach Baden-Württemberg umgezogen. Nach dem ersten Schultag in der ersten Klasse kommt die Tochter nach Hause und berichtet ihrer Mutter: »Stell dir vor, Mama, die anderen Kinder können nur bis drei zählen, ich dagegen schon bis zehn. Ist das, weil ich aus Ostfriesland bin?«
Darauf die Mutter: »Ja, ich denke schon.«
»Und weißt du, die anderen Kinder können das Alphabet nur zur Hälfte aufsagen, ich dagegen kann es bereits ganz. Ist das auch, weil ich aus Ostfriesland bin?« Die Mutter bejaht. »Und die anderen Kinder fahren Fahrrad, ich dagegen kann schon Auto fahren. Ist das ebenfalls, weil ich aus Ostfriesland bin?«
Antwortet die Mutter: »Nein, das ist, weil du schon 20 bist.«

Entdeckt eine Ostfriesin einen Spiegel auf dem Sperrmüll, betrachtet ihn eingehend und meint dann: »Also, so ein hässliches Bild – das würde ich auch wegschmeißen.«

Die Bezeichnung »Handy« für Mobiltelefone wurde von einem Schwaben erfunden, und das trug sich so zu: Eines Tages wurde dem Schwaben ein Mobiltelefon gezeigt. Darauf meinte jener: »Handy koi Schnur dra?«

Kommt ein Berliner in die Bäckerei und bittet: »Ham Se nich ein Stück Kuchen für mich? Ick habe zwei Tage nichts jejessen.«

»Na, ein Stück Brot wird's da wohl auch tun?«

»Nee – ick hab heute Jeburtstag.«

Frau Wunderlich, eine Ostfriesin, will gerade in den Garten hinausgehen, da fragt ihr Ehemann: »Was hast du vor?«

»Ich will die Blumen gießen.«

»Aber es regnet doch!«

»Keine Sorge, ich nehme den Regenschirm mit.«

Drei Ostfriesen machen ein Picknick. Der eine trägt einen Picknickkorb, der Zweite eine Decke, der Dritte eine Autotür. Wundert sich ein Passant: »Wozu denn die Autotür?«
»Ganz einfach: Wenn uns zu warm wird, können wir das Fenster runterkurbeln.«

Ein Burgenländer wird in Salzburg als Busfahrer eingestellt. Der Chef erklärt ihm: »Sie haben zwei Aufgaben: Den Bus fahren und das Fahrgeld kassieren.« Schon darf der Burgenländer auf Fahrt gehen. Doch bereits am ersten Tag prallt der Bus gegen eine Mauer. Der Chef eilt zum Unfallort und fragt den Burgenländer: »Was ist denn passiert?« Antwort: »Das habe ich leider nicht mitbekommen. Ich war gerade hinten im Bus, um das Fahrgeld zu kassieren.«

Zwei Ostfriesen gehen am Bahndamm spazieren. Plötzlich bekommt einer von ihnen Hunger und beginnt, eine Schiene zu verspeisen. Er fragt den anderen:
»Möchtest du nichts essen?«
»Nein, die Schiene ist mir zu hart.«
»Dann lass uns nach dahinten gehen – dort gibt es eine Weiche.«

»Der zerbrochene Krug« ist ein berühmtes Lustspiel aus dem 19. Jahrhundert. Kommt eines Tages ein Schulinspektor an eine Berliner Schule und wohnt dem Deutschunterricht bei. Er fragt einen Schüler: »Was kannst du mir über den zerbrochenen Krug sagen?« Antwortet der Schüler mit zitternder Stimme: »Ich war's nicht! Ich war's wirklich nicht!« Darauf der Schulinspektor zum Deutschlehrer: »Können Sie mir das erklären?« Erwidert der Lehrer: »Also, wenn mein Schüler sagt, dass er es nicht war, dann stimmt das mit Sicherheit!« Der Schulinspektor ist entsetzt und spricht nach dem Unterricht beim Schuldirektor vor. Er sagt zu diesem: »Stellen Sie sich vor: Weder Schüler noch Lehrer wissen etwas vom zerbrochenen Krug!« Darauf der Direktor: »Das ist ja empörend! Hier: Nehmen Sie diese 20 Euro und kaufen Sie sich einen neuen Krug.« Als der Schulinspektor beim Bildungsminister vorspricht, berichtet er von dieser Sache. Meint der Bildungsminister: »Tja, also wenn der Direktor bezahlt hat, wird er es wohl gewesen sein.«

Ein Ostfriese zum anderen: »Mist, das Streichholz geht nicht an!«
»Was ist denn damit?«
»Keine Ahnung, eben ging's noch.«

Ein Engländer ist zu Besuch in Bayern. Sein Weg führt ihn eines Abends auch ins Hofbräuhaus. Ihm gegenüber sitzt ein Bayer im Trachtenkostüm. Fragt der Engländer: »Are you smoking?« Antwortet der Bayer: »Na, du Depp! Des is a Lederhos'n.«

Der neue Flughafen in Ostfriesland. Nach der ersten geglückten Landung wischt sich der Kapitän erschöpft mit dem Arm über die Stirn und sagt zu seinem Kopiloten: »Diese Idioten … guck dir nur mal die Landebahn an: 100 Meter lang und zwei Kilometer breit!«

Ein Mann zu einem sächsischen Jungen: »Kannst du mir sagen, wie spät es ist?« Darauf der Junge: »Klar – zeichen Se mir mal Ihre Uhr.«

Herr Krause macht Ferien in Bayern und hat sich mit einer Urlaubsbekanntschaft verabredet. Fragt er einen Bauern: »Wenn ich über diese Wiese gehe, schaffe ich es dann bis 12 Uhr zum Gasthaus?«
»Ja – und wenn Sie mei'm Bullen begegnen sollten, san Sie sogar schon um halb zwölf da.«

Ein Ostfriese trifft eine gute Fee, die ihm einen Wunsch erfüllen will. Er überlegt einen Moment und sagt dann: »Ich hätte gerne die Zeitung mit den Lottozahlen.« Schwupps, schon hält er sie in der Hand. Der Ostfriese blättert in der Zeitung, liest die Lottozahlen und meint dann: »Mist, wieder nicht gewonnen!«

Im Burgenland wird eine Frau ins Krankenhaus eingeliefert, die sich beide Ohren verbrannt hat. Der Arzt fragt sie: »Wie ist denn das passiert?« Erklärt die Frau: »Ich war gerade am Bügeln. Da klingelte das Telefon und ich habe Telefon und Bügeleisen verwechselt.« Darauf der Arzt: »Aha, und warum ist das andere Ohr ebenfalls verbrannt?« »Na, ich musste doch einen Krankenwagen rufen.«

Ein Schweizer, ein Schwabe und ein Norddeutscher sitzen zusammen im Zug Richtung Zürich. Fragt der Schweizer den Norddeutschen: »Sind Sie schon einmal in Zürich gsie?« Erwidert der Norddeutsche: »Tut mir leid, ich habe Sie nicht verstanden.« »Ob Sie schon einmal in Zürich gsie sind?« Wieder sagt der Norddeutsche: »Ich habe nicht verstanden.« Nun will der Schwabe helfen und erklärt dem Norddeutschen: »Er meint ›gwäe‹.«

Schreibt der Ostfriese an eine Firma: »Sehr geehrte Damen und Herren, ich bitte Sie, mir 20 Kilo Ihrer besten Sonnenblumenmargarine zuzusenden. Es ist sehr eilig! Mit freundlichen Grüßen, Herr Huber. PS: Eben sehe ich, dass doch noch Margarine vorrätig ist. Sie brauchen mir also doch keine zu senden.«

Am Bahnhof in Dresden spricht ein Mann einen anderen an: »Sin Sie dör Hörr Müller?« Antwortet der Angesprochene: »Ja.« Daraufhin erhält er vom anderen Mann eine Ohrfeige. Als der Schläger verschwunden ist, meint der Sachse zu den umherstehenden Leuten: »Na, den hab ich aber veräbbelt – ich heeße gar nich Müller.«

Katja, ein ostfriesisches Mädchen, will ihrer Mutter eine Freude machen und Semmelknödel zubereiten. Mit einem Kochbuch bewaffnet, begibt sie sich in die Küche. Nach drei Stunden schaut ihre Mutter herein und sieht, wie Katja einen riesigen Berg Weißbrot schneidet. Meint die Mutter: »Katja, so viel Brot brauchst du für die Knödel doch nie und nimmer!«
»Doch, in meinem Kochbuch steht: ›Man schneide drei Tage altes Brot.‹!«

Steht ein Ostfriese am See und blickt konzentriert aufs Wasser. Eine Frau beobachtet das eine Viertelstunde lang und fragt schließlich: »Was gibt es denn da so Interessantes zu sehen?« Antwortet der Ostfriese: »Ich halte Ausschau nach meiner Frau. Erst gestern habe ich ihr das Schwimmen beigebracht – und jetzt taucht sie schon seit einer Stunde.«

Im Winter streut ein Schwabe Erde auf den gefrorenen Bodensee. Kommt ein Schweizer vorbei und motzt: »Bischt verrückt? Im Frühling taut's. Dann versinkt die ganze Erde im See.« Antwortet der Schwabe: »Halt dei Gosch! Glei kommt ein Österreicher, der Land kaufa will.«

Zwei Ostfriesen machen Urlaub in der Wüste. Dort ist es ihnen so langweilig, dass sie mitten im Sand eine Brücke bauen. Als der Urlaub vorbei ist und sie sich auf der Heimreise befinden, meint der eine Ostfriese: »Du, wir müssen noch mal zurück. Wenn einer die Brücke sieht, denkt er doch, wir Ostfriesen wären bescheuert.« Also machen sie sich noch mal auf in die Wüste. Doch was sehen sie, als sie bei der Brücke ankommen? Zwei Burgenländer beim Angeln.

Der Sommerurlaub des Ostfriesen fällt dieses Jahr flach: Er hat Wasserskier zum Geburtstag bekommen und sucht schon seit Wochen vergeblich einen abschüssigen See.

Ein Kölner und ein Berliner wetten um fünf Euro, wer von ihnen am besten lügen kann. Der Kölner darf beginnen. Er flunkert: »Gestern bin ich wie ein Vogel zur Spitze des Kölner Doms geflogen.« Steckt der Berliner die fünf Euro ein und sagt: »Stimmt! Ick hab dich fliejen sehen!«

Fragt der Urlauber einen bayrischen Bergbauern: »Sagen Sie mal: Warum sind denn die Häuser hier alle aus Holz?«
»Na, weil wir alle Steine für die Berge gebraucht haben.«

Der schwäbische Vater verspricht seinem Sohn: »Dieses Jahr bekommst du so viel zum Geburtstag, dass du gar nicht alles auf einmal tragen kannst!« Und was bekam der Sohn? Zwei Paar Schuhe.

Ruft ein Burgenländer beim PC-Notdienst an: »Ich habe den Computer angeschaltet, aber es erscheint kein Bild auf dem Monitor!«
»Brennt denn am Bildschirm ein Lämpchen?«

»Nein.«
»Ist der Monitor mit einem Kabel mit dem Computer verbunden?«
»Ja.«
So stellt der Mann vom PC-Notdienst noch zwanzig Fragen, die keine Lösung bringen. Schließlich fragt er: »Können Sie prüfen, ob der Monitor überhaupt mit dem Stromnetz verbunden ist?« Antwortet der Burgenländer: »Geht im Moment nicht, kein Licht – der Strom ist vor ein paar Stunden ausgefallen.«

In einem sächsischen Restaurant: »Wollen Se zu den Bratkartoffeln lieber Rühreier oder Spiecheleier?«
»Was ist da der Unterschied?«
»Nu, die Spiecheleier können Se nachzählen.«

Ein Bayer begleitet seinen Freund auf der Jagd. Dieser sieht eine Taube am Himmel, nimmt sein Gewehr und schießt sie ab. Der Bayer rügt den Jäger: »Also, des wär jetzt aber net nötig g'wesen!«
»Wieso?«
»Na, einen Sturz aus dieser Höhe hätt der Vogel doch sowieso net überlebt.«

Verlangt ein Urlauber in einem bayrischen Dorfladen: »Zwei Kilo Milch, bitte.«
»Tut mir leid, aber Milch wird hier nicht gewogen, sondern gemessen!«
»Ach so? Dann bitte zwei Meter Milch.«

Ein Ostfriese will am Bahnhof in den letzten Waggon eines Zuges einsteigen. Da ermahnt ihn ein älterer Herr: »Das würde ich nicht tun; bei einem Zugunglück ist es im letzten Waggon besonders gefährlich.« Wundert sich der Ostfriese: »Ja, wenn man das weiß – warum hängt man den letzten Waggon dann nicht einfach ab?!«

Ein Ostfriese und ein Thüringer sehen sich im Kino einen Film an. Mitten im Film meint der Thüringer: »Wetten wir um zehn Euro, dass der Mann dort gleich in die Hundekacke tritt?« Meint der Ostfriese: »Die Wette gilt!« Tatsächlich tritt der Mann auf der Leinwand in den Hundehaufen. Der Ostfriese will dem Thüringer daraufhin die zehn Euro geben, doch der winkt ab: »Lass gut sein. Weißt du, ich habe den Film schon mal gesehen.« Darauf der Ostfriese: »Ich auch. Aber ich hätte nicht geglaubt, dass der Mann so doof ist, noch mal in die Hundekacke zu treten.«

Sabine verlangt am Schalter der Bahn: »Eine Fahrkarte nach Oldenburg bitte.«
»Meinen Sie Oldenburg in Schleswig-Holstein oder Oldenburg in Niedersachsen?«
»Egal – meine Schwester holt mich vom Bahnhof ab.«

Drei Burgenländer wollen in den österreichischen Polizeidienst eintreten. Beim Aufnahmetest wird zunächst dem ersten Kandidaten ein Foto gezeigt: »Was fällt Ihnen an diesem Mann auf?«
Der Kandidat: »Er hat nur ein Ohr.«
»Das ist ein Profilfoto! Sie sind durchgefallen.« Genauso läuft es beim zweiten Kandidaten. Nun ist der Dritte dran. Auch diesem wird das Foto gezeigt mit der Frage, was ihm bei dem Mann auffällt. Der dritte Kandidat antwortet sofort: »Na, der ist Kontaktlinsenträger.«
»Sehr gut, sehr gut! Sie haben bestanden. Wie haben Sie das mit den Kontaktlinsen so schnell gemerkt?« »Na, mit nur einem Ohr kann er schließlich keine Brille tragen.«

Kuno fragt Herbert: »Weißt du, wie man einen Ostfriesen am Montagmorgen zum Lachen bringen kann?«
»Na klar – erzähle ihm am Freitagnachmittag einen Witz!«

Wusstest du, dass die Besatzung eines ostfriesischen Feuerwehrfahrzeugs aus 32 Mann besteht? Einem Fahrer, einem Beifahrer und einem 30-Mann-Orchester fürs Tatütata.

Auf einer Parkbank sitzen zwei Sachsen. Sagt der eine zum anderen: »Wissen Se was? Sie hab'n eene enorme Ähnlichkeet mit meener Frau – bis auf den Schnurrbart.«
»Aber ich hab doch gar keen Schnurrbart!«
»Nee – aber meene Frau.«

Eine Schwäbin zu ihrem Verlobten: »Sag amol, Sepp. Warum bisch du denn dagege, dass mir am näkschte Montag heiratet?«
»Weil dann unser Silberhochzeit auf en Donnerschtag falle dät und do geh i immer zum kegle.«

Kommt ein 80-jähriger Westfale in die Fahrschule und sagt: »Ich würde gerne einen Busführerschein machen.« Darauf der Fahrlehrer: »In Ihrem Alter? Ja, warum denn das?!«
»Mein Arzt meinte, in meinem Alter solle ich lieber mit dem Bus fahren.«

Kommt ein Bayer ins Polizeipräsidium und verkündet: »I wollt Ihnen mitteilen, dass meine Kuh g'storben is.« Darauf ein Polizist: »Lieber Mann, was geht denn uns das an?«
»Na, i hob dacht, die näheren Verwandten informier i gleich.«

Herr Kowalski nimmt seine Frau ausnahmsweise mal in seine Berliner Stammkneipe mit und spendiert ihr einen Schnaps. Die Frau trinkt und meint dann: »Pfui, dat is ja ekelhaft!« Meint Herr Kowalski: »Siehste! Und du denkst immer, dat ick mich hier amüsiere.«

Als der liebe Gott den ersten Schweizer geschaffen hatte, war er begeistert. Er fragte den Schweizer: »Hast du einen Wunsch?«
»Ja, ich wünsche mir hohe Berge, saftige Wiesen und klare Bäche.« Das schuf Gott im Handumdrehen und fragte: »Hast du sonst noch einen Wunsch?«
»Wenn es dir nichts ausmacht: Ich wünsche mir die besten Milchkühe der Welt.« Auch diese schuf Gott. Der Schweizer molk sofort eine Kuh und ließ den lieben Gott von der Milch kosten. Fragte Gott: »Was möchtest du noch?« Antwortete der Schweizer: »Zwei Franken für die Milch.«

Sagt ein Ostfriese zum anderen: »Gestern war ich beim Bluttest.« Darauf der andere: »Und, waren die Fragen schwer?«

Ein Berliner zu seinem Kumpel: »Ick lass mich von meiner Frau scheiden – sie treibt sich zu viel in Kneipen rum.«
»Säuft se?«
»Nee – sie sucht nach mir.«

Fragt ein Ostfriese den anderen: »Sag mal, warst du schon mal in Berlin?«
»Nö.«
»Dann kennst du bestimmt meinen Schwager – der war auch noch nie in Berlin.«

Zwei Ostfriesen gehen durch ein ausgetrocknetes Flussbett. Fragt der eine den anderen: »Nanu, wo kommt denn der ganze Kies her?«
»Ist doch klar: Den hat der Fluss gebracht.«
»Und wo ist der Fluss jetzt?«
»Bestimmt Kies holen gegangen.«

Läuft ein Mann über den Acker eines sächsischen Bauern. Dieser erwischt ihn und schimpft: »Geh'n Se ochenbligglich von meinem Agger runder, sonst hau ich Ihnen meene Hagge auf'n Nischl!« Entschuldigt sich der Mann: »Tut mir leid, ich wusste nicht, dass das Betreten des Ackers verboten ist.« Darauf der Sachse: »Na, deswächen sach ich's ja erschtmal im Gudn.«

In Ostfriesland werden zum Auswechseln einer Glühbirne zwei Ingenieure benötigt: Einer hält die Glühbirne, der andere dreht die Leiter.

Ein Gespräch in der Notrufzentrale. »Sag mal, hast du eine Ahnung, warum nie ein Ostfriese bei uns anruft? Die Rufnummer 112 kann sich doch jeder merken!«
»Ich weiß es: Er findet auf dem Telefon die 11 nicht.«

In einem sächsischen Gericht. Der Zeuge leistet einen Eid: »Ich schwöre, dass ich die Wahrheet saache, die reine Wahrheet und nichts als die Wahrheet!« Fragt der Richter: »Was können Sie uns zu dem Vorfall sagen?«
»Nischt.«

Schreibt der ostfriesische Junge aus dem Internat an seine Eltern: »Bitte teilt mir doch in eurem nächsten Brief die genaue Uhrzeit mit, damit ich meinen Wecker stellen kann.«

Ein 18-jähriger Ostfriese erzählt geknickt seinem Kumpel: »Gestern bin ich durch die Führerscheinprüfung gefallen.«
»Wieso denn das?«
»Na, beim Kreisverkehr las ich ein Schild, auf dem ›30‹ stand – da wollte ich dreißig Mal im Kreis rumfahren.«
Meint der Kumpel: »Und, hast du dich verzählt?«

In Leizpig hält ein sächsischer Polizist eine Straßenbahn an. Meckert der Straßenbahnfahrer: »He, was soll denn das?!« Darauf der Polizist: »Diskutier'n Se nich rum – fahren Se rechts ran!«

Treffen sich zwei sächsische Mütter. Fragt die eine: »Wie heeßt denn Ihr Kleener?« Antwortet die andere: »Der heeßt Gindr.«
»Wie? Das ist ja een unmöchlicher Name. Stellen Se sich vor, Se rufen Ihren Kleenen, da kommt ja nich nur Ihr Gindr – da kommen alle Gindr.«

Nachwuchs in Berlin. Ottos Bruder Helmut ist Vater geworden. Stolz berichtet er dies dem Wirt in seiner Stammkneipe. Dieser fragt: »Und wat ist es? Junge oder Mädchen?« Antwortet Otto: »Oje, danach hab ick nich jefragt – jetzt weiß ick jar nich, ob ick Onkel oder Tante jeworden bin.«

Bestellt der Stammgast in einer Berliner Kneipe: »Also, heute hätte ick jerne mal wat, wat ick vorher noch nie hatte.« Meint die Wirtin: »Dann empfehle ick dir Hirn.«

Beklagt sich die Ostfriesin Hilde bei ihrer Freundin:
»Mein Freund Georg ist echt gemein!«
»Wieso?«
»Er will mir einen Deoroller schenken – dabei weiß er genau, dass ich gar keinen Führerschein habe.«

Fragt eine junge Berlinerin ihren Bruder: »Steht mir dieser Strohhut jut?«
»Ausjezeichnet – wie aus dem Kopp jewachsen.«

»Mama, Mama ...«

Familien-Witze

Der Vater zur kleinen Helga: »Der Storch hat dir endlich ein Schwesterchen gebracht. Möchtest du es sehen?«
»Das Schwesterchen nicht – aber den Storch!«

Jutta kommt am Sonntag vom Kindergottesdienst nach Hause und trägt eine kleine Tüte mit Naschereien bei sich. Fragt der Vater: »Wo hast du denn das Geld dafür her?« Antwortet Jutta: »Na, du hast mir doch fünf Euro mitgegeben.«
»Ich habe doch ausdrücklich gesagt, dass die für die Kirche bestimmt sind.«
»Ja, aber in der Kirche war heute der Eintritt frei.«

Beschwert sich Karl bei seinem Freund: »Gemeinheit! Immer muss ich die alten Kleider meiner vier älteren Geschwister auftragen.«
»Sind die Kleider denn wenigstens noch gut erhalten?«
»Das schon – aber ich bin der einzige Junge in der Familie!«

Oma Nolte macht nach längerer Zeit mal wieder einen Familienbesuch und fragt ihre Enkelin: »Na, wie geht's dir?«
»Ganz gut, nur mit deiner Tochter gibt es hin und wieder Ärger.«

Unterhalten sich zwei Freunde. Fragt der eine:
»Erzähl mal: Bist du jetzt mit Brigitte zusammen?«
»Nein, das kann noch eine Weile dauern.«
»Wieso denn das?«
»Sie meinte, ich wäre der Allerletzte, mit dem sie gehen würde.«

Ulf schreibt eine SMS an seinen Bruder: »Ich habe die Prüfung leider nicht bestanden. Bereite Papa vor!«
Nach einer Weile erhält er Antwort: »Ich habe Papa vorbereitet – bereite dich vor!«

Eine Frau heult sich beim Barkeeper aus: »Mein Mann hat zu mir gesagt, dass er einen Monat lang nicht mehr mit mir reden will.«
»Oje, das ist schlimm.«
»Stimmt, morgen ist der Monat vorbei …«

»Ich war ein sehr intelligentes Kind. Mit acht Monaten konnte ich bereits laufen.«
»Das nennst du intelligent? Ich habe mich mit zwei Jahren noch tragen lassen!«

Frau Huber verabschiedet ihren Sohn, der zu einem Kindergeburtstag eingeladen wurde: »Also, dann bis nachher und viel Spaß! Vergiss nicht, dich beim Abschied für dein Benehmen zu entschuldigen.«

Johanna zu ihrer Oma: »Noch mal danke für die Geige, die du mir zum Geburtstag geschenkt hast. Sie hat mir schon viel Freude bereitet!«
»Übst du denn fleißig?«
»Das nicht gerade – immer wenn ich ein paar Minuten übe, kommt Papa, gibt mir zwei Euro und schickt mich zum Eisessen.«

Der Nachbar fragt Kalle, der im Garten spielt:
»Wer streitet denn da bei euch so laut?«
»Och, das sind Papa und Opa – sie machen gerade meine Hausaufgaben.«

Eine Frau steigt mit ihren Kindern in den Bus ein und fragt den Fahrer: »Muss ich für die Kinder auch bezahlen?«
»Nur über sechs.«
»Prima, ich habe bloß drei.«

»Du, Papa, Olafs Vater ist am Telefon. Er lässt fragen, wann du mit meinen Hausaufgaben fertig bist – er würde sie gerne abschreiben.«

Hans wird vom Deutschlehrer gefragt: »Warum heißt es eigentlich ›Muttersprache‹?« Darauf Hans: »Weil Papa zu Hause nie zu Wort kommt.«

»Papa, Papa, bekomme ich ein Schlagzeug?«
»Nein, wie sollte ich bei dem Lärm arbeiten?!«
»Keine Sorge, ich würde nur spielen, wenn du schläfst.«

»Omi, hast du Lust, mit uns zu spielen?«
»Na klar, und was?«
»Wir spielen Affen im Zoo. Wir sind die Affen – und du darfst uns mit Süßigkeiten füttern.«

Olaf zeigt dem Vater sein Zeugnis. Der meint: »Ich bin mächtig stolz auf dich, mein Sohn – es gehört viel Mut dazu, mir dieses Zeugnis zu zeigen!«

Opa Käs meckert im Bus: »Die Jugend von heute hat wirklich keine Manieren mehr!«
»Wieso, ein Junge hat Ihnen doch eben den Platz überlassen.«
»Das ja – aber meine Frau muss immer noch stehen.«

Gespräch am Frühstückstisch. Beschwert sich Klein Petra: »Pfui, der Tee schmeckt heute wie Spülwasser.« Meint ihr Vater: »Das ist kein Tee, das ist Kaffee.« Ruft die Mutter aus der Küche: »Möchte noch jemand Kakao?«

Kommen Tina und Jörg zu ihrer Mutter und fragen: »Mutti, kannst du uns vier Euro geben? Es ist für einen alten Mann.«
»Na klar, da habt ihr das Geld. Um wen handelt es sich denn?«
»Um den alten Herrn Schröder, der vor der Konditorei Eis verkauft.«

Der Ehemann liest seiner Frau die Schlagzeile aus einer Zeitschrift vor: »Die dümmsten Männer kriegen immer die schönsten Frauen.« Erwidert jene: »Du alter Schmeichler!«

Onkel Hans kommt zu Besuch. Der kleine Michael öffnet die Tür und ruft aus: »So ein Zufall! Eben hat Mama gesagt: ›Der Hans, der würde uns jetzt gerade noch fehlen!‹«

Zwei junge Mütter auf der Parkbank. Berichtet die eine: »Ich verwende für mein Baby besonders saugstarke Windeln – da gibt es kaum was zum Abwischen.« Darauf die andere: »Das ist noch gar nichts: Ich füttere Trockenmilch und muss mein Kind nur hin und wieder abstauben.«

Der Vater zur Mutter: »Du, ich glaube, unser Junior misstraut uns.«
»Wieso?«
»Er will, dass wir ihm sein Taschengeld auf ein Nummernkonto in der Schweiz überweisen.«

Sagt Klara am Mittagstisch zu ihrer Mutter: »Mama, weißt du, was ich nicht verstehe?«
»Was denn, mein Kind?«
»Warum der liebe Gott die Vitamine in Gemüse gesteckt hat und nicht in Schokolade.«

Die Ehefrau ärgerlich zu ihrem Mann: »Immer brütest du über deinen Kreuzworträtseln. Sag doch mal ein nettes Wort zu mir!«
»Geht in Ordnung – wie viele Buchstaben soll es denn haben?«

Onkel Heinrich entsetzt zu Beate: »Stimmt es wirklich, dass dein kleiner Bruder raucht?« Antwort: »Ja – aber nur, wenn er betrunken ist.«

Frau Hase ist mit dem Auto unterwegs; ihr neunjähriger Sohn durfte auf dem Beifahrersitz Platz nehmen. Werden die beiden von einem Polizisten angehalten. Der ermahnt Frau Hase: »Wissen Sie nicht, dass Kinder erst ab 12 auf dem Beifahrersitz mitfahren dürfen?« Erwidert Frau Hase: »Ach kommen Sie, wegen der halben Stunde…«

»Herr Doktor, können Sie uns helfen? Meine Tochter denkt, sie wäre eine Parkuhr.«
»Kann mir das Ihre Tochter nicht selbst erzählen?«
»Nein, geht nicht – sie hat den ganzen Mund voller Münzen.«

Lotte und Luise sind eineiige Zwillinge. Lacht sich Lotte kaputt, als ihre Mutter Luise badet. Fragt die Mutter: »Warum lachst du denn so?«
»Na, du badest Luise nun schon zum zweiten Mal, aber ich war noch gar nicht dran!«

Das kleine Brüderchen schreit seit einer Stunde lauthals und ununterbrochen. Fragt Nina ihre Mutter: »Du, Mama, muss man eigentlich alles nehmen, was einem der Klapperstorch so bringt?«

Beim Scheidungsrichter. Herr Gutbrod erscheint in Frauenkleidung. Fragt der Richter ihn: »Was soll denn diese Kostümierung?« Antwortet Herr Gutbrod: »Na, auf der Vorladung stand doch: ›Verhandlung in Sachen Ihrer Frau‹!«

Die Mutter zu Ralf: »Was?! Schon wieder eine Fünf in ›Verhalten‹? Du solltest dir wirklich mal deinen Vater zum Vorbild nehmen. Er ist nun schon zweimal wegen guter Führung vorzeitig aus der Haft entlassen worden.«

»Dauert es bei dir immer so lang, einen Brief zu schreiben?«
»Nein, nur bei den Briefen an meinen Opa – er kann nicht schneller lesen.«

Ein achtjähriges Mädchen berichtet der Mutter: »Heute hat mich auf dem Schulhof ein zehnjähriger Junge geküsst!« Die Mutter ist entsetzt: »Oh mein Gott, wie konnte denn das passieren?!«
»Och, das war gar nicht schwer. Zwei andere Mädchen haben ihn festgehalten.«

Hanna bittet ihren Ehemann: »Könntest du im Supermarkt noch kurz Butter besorgen?«
»Bei dem Wetter soll ich vor die Tür? Da schickt man doch nicht mal einen Hund raus!«
»Den Hund brauchst du ja auch nicht mitzunehmen.«

Papa aufgeregt zum kleinen Julius: »Dein Schwesterchen ist eben zur Welt gekommen!« Julius freut sich: »Au fein! Hast du es Mama auch schon gesagt?«

Paula zu ihrer Mutter: »Du hast mir doch mal erzählt, dass mich der Klapperstorch gebracht hat. Stimmt das wirklich?«
»Aber ja, mein Kind.«
Fragt Paula ihre Großmutter: »Mich hat der Klapperstorch gebracht. War das bei dir und Mama auch so?«
»Ja«, antwortet die Großmutter. Schreibt Paula in ihrem Aufsatz für die Schule: »In unserer Familie hat es seit mehreren Generationen keine natürliche Geburt gegeben …«

Erwin zu seiner Frau: »Immer diese dummen Fratzen im Fernsehen!« Antwortet die Gemahlin: »Erwin, das ist nicht der Fernseher – das ist ein Spiegel!«

»Ich kann die Adresse von Tante Isolde nicht finden.«
»Dann schreib ihr doch einfach einen Brief und bitte darum, dass sie dir die Adresse schickt.«

Lilly und Rudolf zanken sich. Rudolf schreit: »Du bist eine blöde Kuh!« Lilly brüllt zurück: »Und du bist der größte Esel hier!« Meldet sich der Vater zu Wort: »He, ihr vergesst wohl, dass ich auch noch im Raum bin.«

Meint Lisa zu ihrer Freundin: »Du, dein Bruder ist aber klein.«
»Kein Wunder: Er ist ein Halbbruder.«

Jochen kommt mit einem blauen Auge und einer blutenden Nase nach Hause. Der Vater hält ihm eine Standpauke: »Habe ich dir nicht gesagt, du sollst bis 100 zählen, wenn du wütend wirst, und dich nicht gleich prügeln?!«
»Das habe ich doch getan! Aber dem anderen Jungen hat sein Vater gesagt, er soll bis 50 zählen ...«

Fragt die Mutter beim Mittagessen: »Na, wie war's in der Schule? Hast du viel gelernt?«
»Also weißt du, Mutti, immer predigst du, man soll beim Essen nicht über unangenehme Dinge sprechen – und dann kommt so was.«

Tante Gerda hat ein Gipsbein und der Arzt verbietet ihr das Treppensteigen. Sie ruft in der Praxis an und fragt: »Wann darf ich denn wieder die Treppe benutzen?« Der Arzt antwortet: »Frühestens in zwei Wochen!« Doch schon am nächsten Tag ruft Tante Gerda wieder an: »Kann ich die Treppe wirklich nicht benutzen?« Der Arzt: »Nein, nein, nein. Warum wollen Sie denn unbedingt die Treppe benutzen?« Darauf Tante Gerda: »Ach wissen Sie: Es ist ganz schön anstrengend, die Dachrinne hochzuklettern …«

Fragt der Enkel: »Na, Opa – funktioniert dein neues Hörgerät?«
»Ja, bestens. Ich habe schon zweimal mein Testament geändert.«

Jessica wird 18. Sie sagt zu ihrem Vater: »Endlich bin ich alt genug, um den Führerschein zu machen!«
»Du schon – aber unser Auto noch nicht.«

»Mama, heute bin ich vierzehn geworden. Darf ich mich nun endlich schminken und Lippenstift auflegen?«
»Nein, Klaus-Dieter.«

Der Vater zum Sohn: »Stefan, kannst du bitte den Müll runterbringen?«
»Warum ich?«
»Weil du die jüngeren Beine hast!«
»Ach, Papa – sollten wir nicht besser erst die alten verbrauchen?«

Sprach der Sohn zum Vater: »Papa, wenn du mir zehn Euro gibst, erzähle ich dir, was der Postbote heute Morgen zu Mama gesagt hat.«
»Na gut, hier hast du das Geld. Was hat er gesagt?«
»Er hat gesagt: ›Guten Morgen, Frau Brömmel.‹«

Die Ehefrau zu ihrem Gatten: »Warum hast du denn dem Nachbarn seine Trompete geklaut? Du kannst doch sowieso nicht darauf spielen.«
»Das stimmt – aber er jetzt auch nicht mehr!«

Karla fragt die schwangere Mutter: »Welchen Namen soll denn mein kleiner Bruder bekommen?«
»Wir werden ihn nach deinem Großvater benennen.«
»Was?! Er soll ›Opa‹ heißen?«

Berichtet Herr Lehmann stolz seiner Schwester: »Ich bin soeben Vater von Drillingen geworden!«
Sie: »Kannst du das bitte wiederholen?«
»Lieber nicht – zweimal Drillinge, das wäre doch ein bisschen viel …«

Der kleine Leo zu seiner pubertierenden Schwester Tanja: »Schnell, komm! Mama ist in Ohnmacht gefallen!«
»Selbst schuld, wenn sie mein Tagebuch liest!«

Erster Schultag. ABC-Schütze Alex kommt nach Hause. Fragt die Mutter: »Hast du denn heute schon etwas in der Schule gelernt?« »O ja – dass alle anderen Kinder mehr Taschengeld bekommen als ich!«

Ein Ehepaar streitet sich ständig. Eines Tages fragt der Mann seine Frau: »Sag mal: Wenn ich im Lotto gewinnen würde und dir vom Gewinn die Hälfte abgebe – was würdest du dann tun?« Antwortet die Frau: »Ich würde sofort abhauen.« Darauf der Mann: »Schön, ich habe zehn Euro gewonnen. Hier hast du fünf – und nun tschüss!«

»Mama, Mama, als ich geboren wurde – wo warst du da eigentlich?«
»Na, im Krankenhaus.«
»Und wo war Papa?«
»Der musste arbeiten.«
»Ist ja toll! Dann war also keiner da, als ich zur Welt gekommen bin!«

Bei der Taufe fragt der Pfarrer: »Wie soll das Kind denn heißen?«
»Veilchenfred.«
»Tut mir leid, aber diesen Namen gibt es nicht.«
»Komisch, aber meine Tochter heißt doch auch Rosemarie.«

Sagt der Sohn zum Vater: »Du, Papa, stimmt es, dass der Mensch vom Affen abstammt?« Antwortet der Vater: »Du vielleicht, ich nicht!«

»Du, Papa, bist du eigentlich durchsichtig?«
»Nein, wie kommst du denn auf so einen Quatsch?«
»Na, Mama meinte gestern, sie hätte dich durchschaut.«

Nils ruft seine Tante Leonie an: »Vielen Dank für das Geburtstagsgeschenk, Tante!«
»Aber das ist doch nicht der Rede wert.« Meint Nils: »Weißt du, der Meinung bin ich auch, aber Mama meinte, ich muss mich trotzdem bedanken.«

Unterhalten sich zwei Freundinnen. Meint die eine zur anderen: »Sag mal, Linda, warum hast du eigentlich noch keinen Freund?«
»Ehrlich gesagt: Ich muss immer an deinen Justus denken.«
»Wie? Du bist in meinen Justus verliebt?«
»Nein, das nicht – ich habe nur immer Angst, auch so einen Jungen abzubekommen.«

Eine junge Punkerin fragt im Kaufhaus: »Kann ich die Kleider umtauschen, falls sie meinen Eltern gefallen sollten?«

Die Mutter zur Tochter: »Claudia, als ich so alt war wie du, da habe ich jeden Tag fünf Stunden lang gelernt.«
»Echt? Und wann bist du zur Vernunft gekommen?«

Zwei Mütter begegnen sich im Park. Deutet die erste stolz auf ihren Kinderwagen: »Meine Tochter hat heute ihr erstes Wort gesprochen!« Meldet sich eine Stimme aus dem Kinderwagen der zweiten Mutter: »Interessant – was hat sie gesagt?«

Kommt ein Mann zur Wahrsagerin. Diese prophezeit: »Morgen stirbt Ihre Schwiegermutter eines plötzlichen Todes.« Meint der Mann: »Das weiß ich. Mich interessiert nur, ob ich freigesprochen werde.«

Die Geschwister Benno und Johann streiten sich um einen Schokoriegel. Schimpft die Mutter: »Streitet ihr schon wieder? Ihr müsst endlich lernen, zu teilen! Das Leben besteht aus Geben und Nehmen.« Meint Johann: »Das tue ich doch! Ich habe Benno einen Tritt gegeben und den Schokoriegel genommen …«

Hugo verkündet am Stammtisch: »Mir wurde vor zwei Wochen die Kreditkarte geklaut. Das finde ich super!« Fragt sein Kumpel: »Wieso denn das?«
»Na, der Dieb gibt weniger aus als meine Frau.«

Unterhalten sich zwei Jungs. Stellt der eine fest: »Mama hat gesagt, dass der Klapperstorch die Babys bringt. Aber das glaube ich nicht!«
»Und warum nicht?«
»Weil Störche im Winter in den Süden fliegen – und ich bin im Januar geboren.«

Der Lehrer fragt: »Wie heißen die vier Elemente?« Laura meldet sich und antwortet: »Feuer, Wasser, Erde und Fußball.« Fragt der Lehrer verblüfft: »Fußball? Warum denn Fußball?«
»Na, wenn mein Papa samstags Fußball guckt, meint Mama immer: ›Jetzt ist er wieder in seinem Element.‹«

Die Mutter ist sauer auf Tom: »Nun hast du dir fünf Plätzchen genommen und nur eins habe ich dir erlaubt!« Meint Tom: »Upps, da habe ich mich wohl verzählt.«

Fragt eine junge Mutter die andere: »Na, wie geht es eurem Baby?«
»Bestens! Nur noch drei Raten an die Hebamme, dann gehört das Kind uns.«

Gerda kommt heulend nach Hause und beklagt sich bei ihrer Mutter: »Mama, Mama, ich bin auf dem Nachhauseweg gestolpert und in eine Pfütze gefallen.«
»Mit deinen guten Sachen?«
»Ja, zum Umziehen blieb leider keine Zeit.«

Fragt die Ehefrau: »Warum bloß kannst du nie meiner Meinung sein?« Antwortet der Gatte: »Weil wir sonst beide im Unrecht wären.«

Die Mutter zeigt ihren Kindern alte Familienfotos. Sie sagt: »Schaut mal, das ist Opa mit zwölf.« Meint eines der Kinder: »Was? Zwölf Jahre und schon Opa?«

»Mama, Mama, was ist eigentlich ein Transvestit?«
»Keine Ahnung – frag die Papa.«

Die Schwiegereltern sind zu Besuch. Ulla fragt:
»Wie lange wollt ihr denn bleiben?«
»Nur so lange, bis wir euch auf den Wecker fallen.«
»Ach, so kurz?«

Die Tochter zum Vater: »Papa, du hörst mir überhaupt nicht zu.«
»Stimmt doch gar nicht.«
»Doch das stimmt – sonst wärst du schon längst wütend geworden.«

Justus und Leander übernachten bei ihrer Großmutter. Vor dem Schlafengehen schreit Justus ganz laut ein Abendgebet: »Lieber Gott, zu Weihnachten wünsche ich mir ein neues Fahrrad.« Fragt Leander: »Warum schreist du denn so? Denkst du, der liebe Gott ist schwerhörig?«
»Der liebe Gott nicht – aber Oma!«

Karl zu seinen Eltern: »Also, wenn ihr Petra eine Trompete kauft, dann will ich ein Fahrrad!«
»Wieso denn das?«
»Na, damit ich wegfahren kann, wenn sie anfängt zu üben.«

Frau Zottel will für ihre Tochter eine Barbie-Puppe kaufen. Sie lässt sich im Geschäft beraten. Die Verkäuferin: »Also, hier hätten wir ein schönes Sondermodell: die Safari-Barbie für 20 Euro. Oder hier die Hochzeits-Barbie, ebenfalls für 20 Euro. Wenn Sie etwas ganz

Besonderes wollen, empfehle ich die geschiedene Barbie, die schlägt allerdings mit 200 Euro zu Buche.«
»200 Euro? Warum kostet die geschiedene Barbie denn so viel?«
»Ach wissen Sie, da ist eine Menge Zubehör dabei: Kens Auto, Kens Boot, Kens Haus …«

Dem Vater platzt der Kragen und er stellt seinen Sohn zur Rede: »Warum musst du dich nur ständig mit deiner Schwester zanken?!« Antwortet der Sohn: »Weißt du, ich glaube, wir sind dir und Mama einfach sehr ähnlich.«

Schimpft eine ältere Dame: »Also weißt du, so jung und schon rauchen – was wohl deine Lehrerin dazu sagen wird?«
»Nichts. Ich gehe noch gar nicht zur Schule.«

Fragt die Tante ihren Neffen: »Hilfst du denn auch immer fleißig deiner Mama?«
»Ja – ich soll immer die Silberlöffel zählen, wenn du wieder weg bist.«

Erwin kommt von einer Betriebsfeier stockbetrunken nach Hause. Seine Frau wacht von dem Lärm, den er macht, auf. Sie fragt: »Was war das für ein Geräusch?« Antwortet Erwin: »Das waren meine Schuhe – sie sind umgefallen.« Meint die Frau: »Aber Schuhe können doch nicht umfallen.« Meint Erwin: »Ich stand ja noch drin …«

Jens besucht nach der Schule einen Klassenkameraden. Dieser öffnet die Tür mit einer Flasche Bier in der einen und einer brennenden Zigarette in der anderen Hand. Fragt Jens entsetzt: »Sind deine Eltern nicht zu Hause?« Antwortet der Klassenkamerad: »Sieht es etwa danach aus?!«

»Mama, wie lange bist eigentlich schon mit Papa verheiratet?«
»Elf Jahre.«
»Oh – und wie lange musst du noch?«

Lena hat ein kleines Schwesterchen bekommen. Ihre Freundin ist neugierig und fragt: »Wie sieht es denn aus?«
»Also die Augen hat es von meinem Papa, den Mund von meiner Mama – und die Stimme von einem Feuerwehrauto.«

Zum Wiehern!

Haustier-Witze

Der Lehrer zu Willi: »Komisch, dein Aufsatz zum Thema ›Mein Haustier‹ gleicht wortwörtlich dem deiner Schwester im letzten Jahr.« Antwortet Willi: »Logo, es ist schließlich derselbe Hund.«

Bei einer Auktion möchte ein Mann einen Papagei ersteigern. Er bietet immer höher – und wird immer wieder von einem anderen überboten. Für 2000 Euro erhält er schließlich den Zuschlag. Meint der Mann zum Auktionator: »Na, hoffentlich kann der Papagei wenigstens sprechen!« Antwortet der Auktionator: »Aber klar doch! Was glauben Sie denn, wer die ganze Zeit gegen Sie geboten hat?«

»Meine Mutter reitet neuerdings – aus Schlankheitsgründen.«
»Aha, und hat sie damit Erfolg?«
»Na, und wie: Das Pferd hat schon zwanzig Kilo abgenommen.«

Zwei Mäusekinder sehen zum ersten Mal eine Fledermaus. Meint das eine: »Wenn ich groß bin, will ich auch Pilot werden.«

Zwei Gänse im Wilden Westen. Sagt die eine zur anderen: »Los, sing mir noch einmal das Lied vom Tod.« Darauf die andere: »Morgen kommt der Weihnachtsmann …«

Geht ein Mann ins Restaurant und sieht, wie am Nebentisch ein Pudel sitzt und beim Kellner ein Schnitzel bestellt. Er wundert sich und sagt, als der Kellner zu ihm kommt: »Das ist aber höchst außergewöhnlich!«
Antwortet der Kellner: »Stimmt, sonst bestellt er immer Bratwurst.«

Die Lehrerin spricht gerade über Aberglauben und fragt die Schüler: »Was denkt ihr: Bringt es Unglück, wenn man einer schwarzen Katze begegnet?« Antwortet die schlaue Ilse: »Kommt ganz drauf an.« Die Lehrerin: »Worauf?«
»Na, ob man ein Mensch oder eine Maus ist.«

Kommen zwei Flöhe aus dem Restaurant. Fragt der eine den anderen: »Hüpfen wir nach Hause oder nehmen wir uns einen Hund?«

Sagt der Reitlehrer zu Birgit: »Gar nicht übel, Birgit! Aber wenn du das nächste Mal springst: Versuch doch bitte, das Pferd mit übers Hindernis zu nehmen.«

In der Fußgängerzone tritt ein Mann mit seinem Hund und einer Ziege auf. Als der Hund anfängt, ein Lied zu singen, ist ein Zuschauer ganz begeistert und fragt: »Da ist aber doch sicher ein Trick dabei, oder?«
»Ja, schon«, antwortet der Mann. »Denn eigentlich ist es die Ziege, die singt – sie ist Bauchredner.«

Kommt das Häschen in eine Bank und fragt den Angestellten: »Haddu Vollmacht?« Antwortet der Angestellte: »Nein, da muss ich den Bankdirektor rufen.« Gesagt, getan. Der Bankdirektor erscheint und fragt das Häschen: »Womit kann ich dienen?« Das Häschen wieder: »Haddu Vollmacht?« Sagt der Bankdirektor: »Ja.« Darauf das Häschen: »Dann muddu Hose wechseln.«

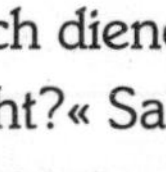

Kommt ein Schotte in die Tierhandlung und fragt: »Haben Sie Goldfische?«
»Ja.«
»Und was kosten die?«
»Zehn Euro das Stück.« Der Schotte schluckt und meint dann: »Haben Sie vielleicht auch Silberfische im Angebot?«

Die kleine Sybille entdeckt im Park einen großen Hund und will ihn streicheln. Warnt der Besitzer: »Lass bloß die Finger weg!« Darauf Sybille: »Wieso, ich tue ihm doch nichts.«

Kommen eine Katze und eine Maus in die Bäckerei. Die Maus ist zuerst dran: »Ein Stück Obstkuchen mit Sahne, bitte.« Die Maus wird bedient. Darauf wendet sich die Verkäuferin an die Katze: »Und was wünschen Sie?«
»Mir bitte nur etwas Sahne auf die Maus.«

Helmut kommt mit nassem Kopf ins Schlafzimmer. Fragt seine Frau: »Musst du deinem Goldfisch wirklich jeden Abend einen Gutenachtkuss geben?!«

Herr Schmidt kommt diese Woche schon das vierte Mal in die Drogerie, um Mottenkugeln zu kaufen. Die Verkäuferin ist neugierig und fragt: »Wozu brauchen Sie denn so viele Mottenkugeln?« Antwortet Herr Schmidt: »Na, um Motten zu bekämpfen, natürlich! Aber treffen Sie die Biester mal, wenn sie im Zimmer herumschwirren!«

Kommt ein Mann in die Zoohandlung: »Ich möchte meinen Papagei umtauschen. Er erzählt die ganze Zeit Papageien-Witze!«
»Und das stört Sie?«
»Nein, das stört mich nicht – aber ich kenne sie schon alle …«

Sitzt ein Hamster im Wohnzimmer. Kommt ein zweiter Hamster daher und fragt: »Na, was machst du so?«
»Ich warte auf die Katze. Und wenn sie kommt, poliere ich ihr die Fresse!«
»Au fein, da mache ich mit!« Sitzen also zwei Hamster im Wohnzimmer, als ein Dritter vorbeikommt und fragt: »Was macht ihr beide denn da?«
»Wir warten auf die Katze, und wenn sie kommt, wollen wir sie windelweich prügeln.«
»Da mache ich mit, das ist doch ganz klar!« Nach einer Weile betritt schließlich die Katze das Wohnzimmer. Die

Hamster fühlen sich plötzlich gar nicht mehr so mutig. Fragt die Katze: »Was macht ihr denn hier?« Antworten die drei Hamster kleinlaut: »Ach, wir sitzen nur da und labern dummes Zeug …«

»Mal eine kurze Frage: Wenn ich deinen Hund ›Bello‹ rufen würde – meinst du, er würde zu mir kommen?«
»Nö, glaube ich nicht.«
»Und warum nicht?«
»Weil er nicht Bello heißt, sondern Hasso.«

Fragt der Bauer seinen Sohn: »Warum streust du den Hühnern denn Kakao ins Futter?«
»Ist doch klar: Sie sollen Schokoladeneier legen.«

Eine Schildkröte klettert im Februar einen Apfelbaum hoch. Kommt ein Vogel vorbei und fragt: »Was machst du denn da?«
»Siehst du das nicht? Ich klettere auf den Baum, weil ich mir einen Apfel pflücken will.«
»Aber der Baum trägt doch gar keine Äpfel.«
»Jetzt noch nicht – aber bis ich oben bin, schon!«

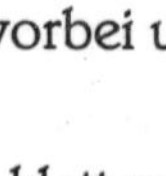

Kurzer Witz: Kriegen sich zwei Schafe in die Wolle …

Herr Zahnstein geht ins Tiergeschäft, um einen Wachhund zu kaufen. Der Verkäufer empfiehlt: »Nehmen Sie diesen hier – der hat schon mal bei einem Millionär Dienst getan!« Davon ist Herr Zahnstein beeindruckt, sodass er den Hund mit nach Hause nimmt. Ein paar Tage später wird bei Herrn Zahnstein eingebrochen. Der Einbrecher klaut 200 Euro aus dem Geldbeutel und nimmt auch noch den Fernseher mit – der Wachhund bleibt dabei die ganze Zeit seelenruhig liegen. Kein Wunder, dass sich Herr Zahnstein am nächsten Tag im Tiergeschäft beschwert: »Und das soll ein Wachhund sein?!« Beschwichtigt der Verkäufer: »Na ja, der Hund hat schon auf eine Million Euro aufgepasst – was soll er sich da über 200 Euro aufregen?«

Ruft ein Boxer von der Straße zu einem Schäferhund hinauf, der im ersten Stock aus dem Fenster schaut: »Hast du Lust zu spielen?« Antwortet der Schäferhund: »Gerne. Aber leider ist die Tür abgeschlossen.«
»Dann spring doch aus dem Fenster!«
»Spinnst du? Damit ich dann so aussehe wie du?!«

Treffen sich zwei Hunde. Sagt der eine: »Ich heiße Lupo, und du?« Antwortet der andere: »Hm, also so ganz genau weiß ich das nicht. Ich glaube ›Sitz‹ oder ›Platz‹.«

»Habe ich dir nicht schon einmal gesagt, dass du die Katze nicht am Schwanz ziehen sollst?!«
»Tue ich doch gar nicht – ich halte den Schwanz nur fest, die Katze zieht.«

Sprach die Henne zu ihren Küken: »Wenn das euer Vater wüsste – er würde sich im Grill umdrehen!«

Der Omnibus hält an der alten Landstraße. Dort steigt ein Pferd ein. Wundert sich der Busfahrer: »Also, ein Pferd ist bei mir vorher noch nie in den Bus eingestiegen!« Antwortet das Pferd: »Kommt auch nicht so oft vor – heute hatte allerdings mein Fahrrad einen Platten.«

Unterhalten sich zwei Pferde auf der Weide. Fragt das eine das andere: »Du, sag mal, wie viel PS hast du eigentlich?«

Ruft ein Mann erbost beim Tierschutzverein an: »Können Sie bitte sofort kommen? Bei mir im Garten sitzt der Briefträger auf einem Baum und beschimpft meinen Hund!«

Eine ältere Dame sitzt im Wartezimmer und hat einen Kater auf dem Schoß. Sagt die Arzthelferin zu ihr: »Gute Frau, Sie sind hier nicht beim Tierarzt, sondern beim Psychiater!«
»Ich weiß, deshalb bringe ich meinen Mann mit – er bildet sich ein, er wäre eine Katze.«

»Beißt Ihr Hund?«
»Nein, natürlich nicht.«
»Und wie nimmt er dann seine Nahrung zu sich?«

Ein Collie geht mit zwei schweren Einkaufstaschen beladen durch die Fußgängerzone. Trifft er einen Kumpel aus der Hundeschule. Dieser fragt ihn: »Was machst du denn da?« Knurrt der Collie: »Das ist eine lange Geschichte. Angefangen hat es damit, dass ich ab und zu die Zeitung holte …«

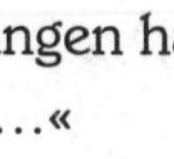

Unterhalten sich zwei Schafe. Fragt das eine: »Hast du Lust, heute Abend tanzen zu gehen?« Darauf das andere: »Nein, ich habe keinen Bock!«

Tierarzt Schnuppel trifft auf der Straße Frau Müller. Er fragt: »Na, wie geht es denn Ihrem Goldfisch. Hat er sich von der Krankheit erholt?« Antwortet Frau Müller: »Ja, er ist wieder auf den Beinen.«

Kommt der kleine Johann zu seinem Vater und lässt verlauten: »Schau mal, ich habe einen Hund gemalt.« Der Vater betrachtet das Bild und sagt: »Sehr schön! Aber du hast fünf Beine gemalt – ein Hund hat doch nur vier.« Überlegt Johann einen Moment und meint dann: »Stimmt, aber ein Auto hat doch schließlich auch ein Reserverad.«

Frau Krüger sagt auf dem Hundeplatz zu Herrn Moser: »Mein Waldi ist unheimlich intelligent. Jeden Morgen zieht er die Zeitung aus dem Briefkasten und legt sie mir auf den Frühstückstisch.« Darauf Herr Moser: »Ja, das weiß ich bereits. Mein Hund hat es mir gestern erzählt.«

Zwei Pferde haben eine Safari durch einen afrikanischen Nationalpark gebucht. Als die beiden zum ersten Mal ein Zebra sehen, meint die Stute zum Hengst: »Siehst du, die Modemacher haben also recht.«
»Womit?«
»Na: Streifen machen schlanker!«

Zwei Schildkröten gehen an der Straße spazieren. Als die eine Anstalten macht, die Straße zu überqueren, warnt die andere: »Vorsicht! In einer halben Stunde kommt der Bus!«

Ein junger Hund fragt den alten, weisen Bonzo:
»Weißt du, warum es mich an meinen Pfoten juckt?«
»Weil es morgen regnen wird.«
»Und warum juckt es mich am Bauch?«
»Weil ein Sturm aufzieht.«
»Und warum juckt es mich an den Ohren?«
»Wahrscheinlich weil morgen Jagd ist.«
»Und weshalb juckt es mich am Rücken?« Schließlich wird es dem gutmütigen Bonzo doch zu bunt, und er antwortet: »Weißt du, Junge, vielleicht solltest du dich einfach mal wieder waschen!«

Zwei Wellensittiche sitzen am Fenster und sehen einen Düsenjet vorbeifliegen. Meint der eine: »Du, der hat's aber eilig.« Darauf der andere: »Was würdest du denn machen, wenn dir der Hintern qualmt?!«

Matze erzählt seinem Freund Pit: »Ich habe heute für mein Gartenhaus einen Wachhund bekommen.« Erwidert Pit: »Schlechter Tausch!«

Kommt ein Mann in die Zoohandlung und fragt den Verkäufer: »Haben Sie einen Papagei?«
»Ja, sehen Sie hier: ein Prachtexemplar.«
»Und kann er sprechen?«
»Nein, das leider nicht. Aber schauen Sie hier: ein Specht.«
»Ach, kann der denn sprechen?«
»Sprechen nicht – aber morsen.«

Erzählt eine Stute der anderen: »Du, mein Fohlen will später mal Astronaut werden.«
»Warum das?«
»Es will den großen Wagen ziehen …«

Der Vater zum Sohn: »Ehrliche Antwort, Johann: Hast du unserem Papagei all die Schimpfwörter beigebracht?«
»Nein, ich schwör's! Ich habe ihm nur immer wieder gesagt, welche Worte er nicht verwenden darf.«

Agatha kommt in die Zoohandlung und sagt zur Verkäuferin: »Ich hätte gerne ein Kaninchen.«
»Sehr gerne. Ein weißes, ein braunes oder ein schwarzes?«
»Ach wissen Sie, ich glaube, dass das meiner Python egal ist …«

Ein Mann beim Hundezüchter: »Diesen süßen Boxer da hätte ich gerne!«
»Aber gerne, dann müssen Sie aber den großen Mischling dort mit dazunehmen.«
»Warum denn das?!«
»Na, das ist der Trainer des Boxers.«

Pferde haben 12 Beine. Glaubst du nicht?
Zähle mal nach: zwei vorne, zwei hinten, zwei links, zwei rechts und dann noch eins in jeder Ecke.

Treffen sich zwei Weberknechte. Meint der eine zum anderen: »Zurzeit bin ich leider nicht auf dem Handy erreichbar.«
»Warum nicht?«
»Kein Netz!«

»Mama, ich will ein Haustier!«
»So, und wer soll das Haustier füttern?«
»Kein Problem: Kauf mir einfach eines, wo dransteht ›Bitte nicht füttern‹!«

Fährt ein Junge mit seinem Hund im Bus. Die Frau neben ihm ist davon nicht gerade begeistert. Sie meckert: »Dein Hund soll mir bloß nicht zu nahe kommen – ich spüre schon die Flöhe auf mir herumhüpfen.« Meint der Junge zu seinem Hund: »Bloß weg hier, Bonzo. Die Frau hat Flöhe!«

Ein Hahn und eine Henne gehen durch den Supermarkt. Bei den Eiern bleiben die beiden stehen. Meint die Henne wütend: »99 Cent für zehn Eier – dafür ruiniert sich unsereins also die Figur!«

Ole stochert missmutig in seinem Essen rum – es schmeckt ihm nicht. Da erblickt er den Familienhund und reicht ihm seinen Teller. Schimpft die Mutter: »Du wirst doch wohl dem Hund nicht dein Essen geben?«
Darauf Ole frech: »Ich wollte ihm lediglich einen Tausch anbieten – meins gegen seins.«

Paul fragt Friedhelm: »Du hast einen schönen Hund! Lässt der auch Fremde an sich ran?«
»Na klar: Sonst könnte er doch nicht zubeißen!«

Fragt der Mann im Tiergeschäft: »Wie alt kann diese Schildkröte denn werden?«
»Bei guter Pflege bis zu 200 Jahre!«
»Na gut, die nehme ich. Aber wenn Ihre Angaben nicht stimmen, bringe ich sie zurück!«

Die Maus geht mit ihrem Freund, dem Elefanten, an einem sehr heißen Sommertag im Park spazieren. Sie genießt den kühlen Schatten, den der Elefant wirft, und meint nach einer Weile zu ihm: »Wenn du auch mal im Schatten gehen willst, können wir die Seiten tauschen!«

Die Polizei hält ein Auto an. Am Steuer sitzt ein Hund, daneben ein junger Mann. Sagt der Polizist zum Mann: »Sind Sie des Wahnsinns? Sie können doch Ihren Hund nicht Auto fahren lassen!« Entgegnet der Mann: »Das ist gar nicht mein Hund – er hat mich als Anhalter mitgenommen.«

Fragt Hugo den Tierarzt: »Wissen Sie, wie lange Goldfische leben?« Antwortet der: »Ja, genauso wie kurze.«

Schimpft die Taubenmama mit ihren Kindern: »Nun habt ihr schon wieder ins Nest gemacht! Setzt euch ab jetzt gefälligst aufs Denkmal!«

Fragt der Husky eines Winters seine Mutter:
»Sag mal, ist Papa eigentlich auch ein Husky?«
»Ja, natürlich.«
»Und Opa?«
»Der auch.«
»Und Oma?«
»Oma auch – warum fragst du denn?«
»Mir ist kalt ...«

Frau Paschulke geht mit ihrem neuen Hund Gassi. Begegnet ihr eine Bekannte. Diese äußert: »Oh, was für ein schöner Hund! Hat der einen Stammbaum?« Antwortet Frau Paschulke: »Soviel ich weiß, nicht. Bis jetzt hat er schon an mehrere verschiedene Bäume gemacht.«

Ein Mann zum Verkäufer in der Zoohandlung:
»Ich möchte gerne einen Papagei kaufen. Was kostet dieser hier?«
»Der kostet 500 Euro.«
»So viel? Warum denn das?«
»Na ja, er kann nicht nur über 100 Wörter sprechen, sondern sogar rechnen.«
»Und der Papagei dort drüben?«
»Der kostet 1000 Euro. Dieses Prachtexemplar kann sogar Gedichte auswendig aufsagen und einige Lieder singen.« Darauf der Mann zermürbt: »Ich denke, dann nehme ich den alten, zerzausten Papagei da – der wird wohl nicht so teuer sein, oder?«
»Doch, der kostet 2000 Euro.«
»So viel? Und was kann der?«
»Eigentlich gar nichts. Aber die anderen Papageien nennen ihn ›Boss‹.«

Kalle zu Andi: »Ich wette mit dir um zehn Euro, dass mein Hund lügen kann.«
»Die Wette gilt!«
»Waldi, komm mal her und sag mir: Wie macht die Katze?« Darauf der Hund: »Wuff, wuff!«

Lisa erzählt ihrer Freundin: »Ich wollte meinem Hund beibringen, dass er immer bellt, wenn er Pippi machen muss. Deshalb habe ich beim Gassigehen immer selbst wie ein Hund gebellt.«
»Und, hat das funktioniert?«
»Nein, das ist in die Hose gegangen. Hasso macht inzwischen nur noch dann Pippi, wenn ich vorher gebellt habe ...«

Noah fragt seine Frau: »Du sag mal, wir hatten doch von jedem Tier zwei Exemplare an Bord der Arche, als wir ablegten, stimmt's?«
»Ja, Schatz.«
»Also auch zwei Gänse?«
»Ja, natürlich.«
»Und wo ist die zweite Gans geblieben?«
»Aber Liebling, du weißt doch: Es ist Weihnachten ...«

Schlängeln sich zwei Schlangen an einem Teller Spaghetti vorbei. Meint die eine zur anderen: »Schau mal, hier hat jemand ein Hotel eröffnet!«

Zwei Hunde vom Land machen zum ersten Mal einen Ausflug in die Stadt. Als sie an einer Parkuhr vorbeikommen, meint der eine: »Unverschämtheit! Hier verlangen sie Geld fürs Pinkeln!«

Eine Schildkröte wird von zwei Artgenossen ausgeraubt. Als der Kriminalkommissar die Schildkröte befragt, ob sie die Täter beschreiben könne, antwortet diese: »Leider nein – es ging alles so schnell!«

Eine Maus will sich im Kino einen Film ansehen. Doch vor ihr hat ein Elefant Platz genommen und sie hat keinen Blick auf die Leinwand. Sagt sie zum Elefanten: »Rück zur Seite, damit ich was sehen kann!« Doch der Elefant reagiert nicht. Daraufhin setzt sich die Maus vor den Elefanten, dreht sich zu ihm um und meint: »So, nun siehst du, wie das ist, wenn jemand vor einem sitzt.«

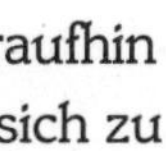

Sagt ein Pferd zur Kuh: »Das ist ungerecht! Ich ziehe den ganzen Tag einen Karren und du darfst gemütlich auf der Weide grasen.« Meint die Kuh: »Dann schreib doch einen Brief an den Tierschutzverein.«
»Du spinnst wohl! Wenn der Bauer merkt, dass ich schreiben kann, lässt er mich auch noch seine Büroarbeiten erledigen.«

Erklärt der Vater stolz: »Unser Schäferhund Hasso ist jetzt ein Polizeihund!« Fragt die Tochter: »Geht das überhaupt? Er hat doch schon mal eine Wurst geklaut ...«

Sagt der Vater zu Carlo: »Junge, du hast heute Geburtstag. Wünsch dir was!« Darauf Carlo:
»Dann wünsche ich mir einen Hund.«
»Einen Hund? Nein, das geht wirklich nicht. Wünsche dir doch bitte was anderes.«
»Gut, dann wünsche ich mir, dass wir für einen Nachmittag die Rollen tauschen: Du bist der Sohn, ich der Vater.« Erwidert der Vater: »Na gut, damit bin ich einverstanden.« Sagt Carlo: »Dann komm, mein Sohn. Wir gehen zur Tierhandlung, einen Hund kaufen!«

Treffen sich zwei Hunde. Sagt der eine »Wau«. Darauf der andere: »Kikeriki.« Fragt der eine: »Was ist denn mit dir los?« Antwort: »Na, ich habe eine Fremdsprache gelernt.«

Die Kühe treffen sich zum Kaffeeklatsch. Meint eine: »Die gescheckte Elsa hat aber stark abgenommen in letzter Zeit.« Erwidert eine andere: »Ja, sie ist ziemlich abergläubisch geworden – frisst nur noch vierblättrige Kleeblätter …«

Sagt das Trampeltier zur Kuh: »Lass uns eine Milchbar aufmachen – du gibst die Milch, ich habe die Hocker!«

Ein Rüde führt seine Hündin ins Restaurant aus. Kommt der Kellner und fragt: »Was darf ich Ihnen bringen?« Antwortet der Rüde: »Zweimal die Bellkartoffeln, bitte.«

Kommt der Weberknecht ins Fundbüro und sagt: »Können Sie mir bitte helfen? Ich habe den Faden verloren …«

Der Stimmenimitator prahlt vor seinem Publikum: »Ich kann einfach jedes Tier nachmachen! Wer mir ein Tier nennen kann, das ich nicht imitieren kann, bekommt von mir 50 Euro.« Meldet sich der schlaue Dieter: »Dann machen Sie doch mal einen Goldfisch!«

Tiere sind im Flohzirkus strengstens verboten. Warum? Sie stehlen dem Direktor ansonsten die ganze Show!

Steht ein Pferd auf der Weide. Am Gatter hängt ein Schild: »Bitte nicht füttern! Der Besitzer.« Hat jemand einen Zettel drangeklebt: »Schild bitte nicht beachten! Das Pferd.«

Setzt sich eine Schnecke auf eine Schildkröte und ruft: »Jetzt aber Vollgas!«

Anton kommt von der Arbeit nach Hause und fragt seine Frau: »Sag mal, Lena: Wo ist eigentlich der Papagei?« »Keine Ahnung, aber stell dir vor: Unsere Katze kann neuerdings sprechen!«

Sagt die Mutter zu Clemens: »Kannst du heute bitte mal für frisches Wasser im Aquarium sorgen?« Antwortet der Sohnemann: »Geht nicht: Die Fische haben das alte Wasser noch nicht ausgetrunken.«

Schon gewusst?
Wenn der Tierarzt einen Hund untersucht, muss sein Besitzer die Schnauze halten.

Ich dreh am Rad!

Witze rund um den Sport

Birgit fragt ihre Bekannte Leonie: »Treibst du eigentlich Sport?«
»Ja, ich gehe jeden Morgen joggen.«
»Wow! Und seit wann machst du das?«
»Gleich morgen will ich damit anfangen.«

Die Mutter ruft: »Helmut, Abendessen ist fertig!«
»Darf ich nicht fernsehen? Das Fußballspiel hat gerade angefangen.«
»Nein, erst wird gegessen!« Helmut gehorcht. Nach dem Essen darf er sich endlich vor den Fernseher setzen.
Fragt die Mutter: »Na, wie steht's?«
»Null zu null.«
»Siehst du, dann hast du ja gar nichts verpasst.«

Frau Keller beim Kaffeekränzchen zu ihrer Bekannten: »Alle sagen, dass Schwimmen schlank macht.« Erwidert jene: »Komisch – was Blauwale dann wohl falsch machen?«

Marie hat an der Skiweltmeisterschaft teilgenommen. Als sie nach Hause zurückkehrt, ist ihr rechtes Bein eingegipst. Ihr Bruder begrüßt sie, zeigt auf das Gipsbein und fragt: »Abfahrtslauf?« Marie schüttelt den Kopf und antwortet: »Bananenschale.«

In das Trainingslager der Leichathleten wurde eingebrochen und zahlreiche teure Trainingsgeräte wurden gestohlen. Der 100-Meter-Läufer, der den Einbruch gemeldet hat, wird vom Polizisten befragt: »Haben Sie den Einbrecher gesehen?«
»Ja, und ich habe ihn auch verfolgt!«
»Na, Sie als 100-Meter-Läufer müssten ihn doch eigentlich leicht erwischt haben, oder?«
»Sicher, ich habe den Einbrecher sogar eingeholt – aber als ich mich dann nach einer Weile nach ihm umdrehte, war er verschwunden …«

Eine Frau sieht am Baggersee einen Angler sitzen. Sie geht zu ihm hin und erklärt: »Das ist vergebene Liebesmüh. In diesem See gibt es keinen einzigen Fisch!« Knurrt der Angler: »Oh Mann, jetzt ist die ganze Spannung hinüber!«

Erzählt ein älterer Herr einem anderen: »Normalerweise habe ich mir immer Golf im Fernsehen angesehen.«
»Und jetzt tust du das nicht mehr?«
»Nein, mein Arzt meinte, ich bräuchte eine Sportart mit mehr Bewegung. Deshalb gucke ich jetzt Fußball.«

Tina kommt total verdreckt vom Fußballplatz nach Hause. Schimpft ihre Mutter: »Tina, du siehst ja aus wie ein Ferkel! Weißt du, was ein Ferkel ist?«
»Ja, Mama, ein Ferkel ist das Kind von einem Schwein.«

Artikel in einer schottischen Tageszeitung: »Nach über dreißig Jahren wurde gestern der Fußballverein Loch United aufgelöst – der Ball ist kaputt gegangen.«

Joggt ein Jogger durch den Park. Als er einen Mann weinend auf einer Parkbank sitzen sieht, geht er auf diesen zu und fragt: »Was ist denn los, guter Mann?«
»Ich bin Millionär, ich habe eine Traumvilla, ich fahre ein teures Auto.«
»Aber das ist doch kein Grund zum Weinen!«
»Doch – denn ich weiß nicht mehr, wo ich wohne …«

Sagt der Polizist zum Radfahrer: »He, Sie! Ihr Licht funktioniert nicht. Sie müssen Ihr Fahrrad schieben!« Meint der Radfahrer: »Hab's schon probiert. Wenn ich das Rad schiebe, funktioniert das Licht auch nicht.«

Daniel nimmt seine Freundin ins Fußballstadion mit. Als das Spiel bereits läuft, sagt er begeistert: »Ach, Uschi, wenn ich meine Mannschaft spielen sehe, vergesse ich alles andere!« Antwortet die Freundin: »Ich heiße übrigens Julia …«

Fragt ein verärgerter Fußballspieler den Schiedsrichter: »Bestrafen Sie einen eigentlich auch fürs Denken?«
»Nein, natürlich nicht.«
»Gut, ich denke nämlich, dass Sie ein blindes Huhn sind!«

Witz des Tages: Rollt ein Fußball in die Ecke und fällt um.

Der Boxer beklagt sich: »Der Weg von der Kabine zum Boxring ist aber ganz schön weit.« Tröstet ihn der Trainer: »Mach dir nichts draus, zurück wirst du sicher getragen.«

Beim Skifahren stoßen zwei Jungs zusammen. Schreit der eine laut: »Mein Bein, mein Bein! Ich habe kein Gefühl im Bein!« Erwidert der andere cool: »Kein Wunder, du kneifst die ganze Zeit in meins.«

Karl-Otto beklagt sich am Stammtisch: »Meine Frau ist süchtig nach Sport. Entweder geht sie joggen oder sie ist beim Tennis, Golf oder Volleyball. Ich sehe sie höchstens eine Stunde am Tag!« Meint ein Kumpel: »Oje, du Ärmster.« Darauf Karl-Otto: »Macht nichts. Die eine Stunde geht auch vorüber.«

Fragt der Lehrer die Klasse: »Millimeter, Zentimeter, Dezimeter … Was kennt ihr noch?« Meldet sich Paule und verkündet freudestrahlend: »Elfmeter!«

Der kleine Bernd erzählt stolz einem Klassenkameraden: »Mein Papa ist der beste Golfer der Welt!«
»Wie kommst du denn darauf?«
»Ich durfte ihm am Sonntag beim Golfen zuschauen: Er kann stundenlang spielen, ohne dass ihm der Ball auch nur ein einziges Mal in das kleine Loch im Rasen fällt.«

Manni ist Motorradweltmeister. Kommt seine Freundin zu ihm und sagt: »Du kannst heute nicht am Rennen teilnehmen. Es ist Wasser im Motor.« Darauf Manni: »Wasser im Motor? Wie kommst du denn darauf? Bist du jetzt etwa plötzlich eine Motorradexpertin?«
»Glaub's mir, es ist Wasser im Motor.«
»Na schön, ich seh's mir mal an. Wo ist das Motorrad denn?«
»Es liegt im Schwimmbecken.«

Kommt ein Torhüter nach Hause und erklärt seiner Frau: »Beim Spiel heute war mir der Siegestreffer zu verdanken!« Darauf die Frau verwundert: »Wie um Himmels willen ist dir denn das gelungen?«
»Ich habe einen gegnerischen Freistoß reingelassen.«

Nach einer 0:4-Niederlage in einem Fußballspiel gegen Italien verkleidet sich ein Nationalspieler mit Perücke, Bart und Sonnenbrille, um nicht von wütenden Fans erkannt zu werden. Am Flughafen spricht ihn eine ältere Dame mit seinem Namen an. Der Fußballer erschrocken: »Oh Gott, wie haben Sie mich bloß erkannt!«
»Pssst, ich bin's: dein Trainer.«

Fragt die Gattin am Frühstückstisch ihren Ehemann: »Hast du es schon gelesen? Der Boxweltmeister ist disqualifiziert worden.«
»Warum denn das?«
»Er hatte während des Kampfes einen Glücksbringer im Boxhandschuh versteckt.«
»Aber das ist doch nichts Schlimmes.«
»Doch, es handelte sich um ein Hufeisen.«

Waldemar erzählt seinem Kumpel: »Letztes Wochenende wollte ich Wellenreiten gehen.«
»Was heißt: ›wollte‹?«
»Na, ich hab's versucht – aber denkst du, ich hätte mein Pferd ins Wasser bekommen?!«

Ein Schiedsrichter klopft ans Himmelstor. Petrus fragt den schwarz gekleideten Mann: »Hast du jemals eine Sünde begangen?«
»Ja, ich habe in einem Spiel der deutschen gegen die englische Nationalmannschaft einen Elfmeter gepfiffen, obwohl es keiner war.«
»Und wann war das?«
»Vor einer Viertelstunde.«

Roland hat bei den Olympischen Spielen eine Goldmedaille im 5000-Meter-Lauf geholt. Eines Abends will er mit seinen Freunden ein Spielkasino besuchen, doch weil er keine Abendgarderobe trägt, wird er nicht reingelassen. Roland beschwert sich: »Sie wissen wohl nicht, wer ich bin! Ich bin Olympiasieger im 5000-Meter-Lauf!« Erwidert der Türsteher gelassen: »Dann werden Sie sicher nicht lange brauchen, um nach Hause zu laufen und sich umzuziehen.«

Fragt der Fußballtrainer den Tennistrainer: »Wollen wir unsere Spieler tauschen?« Der Tennistrainer verwundert: »Warum denn das?«
»Na, meine Spieler treffen nicht ins Netz – deine dagegen schon, obwohl sie nicht sollen!«

Ein Sportfischer gibt an: »Am Wochenende habe ich einen riesigen Fisch gefangen. Als ich den aus der Nordsee gezogen habe, ist sogar der Meeresspiegel gesunken.«
»Oh, das war sicher ein Wal.«
»Kann nicht sein – einen Wal habe ich als Köder verwendet.«

Fragt der Chirurg die Krankenschwester: »Wen haben wir denn hier?«
»Einen Mann, der einen Golfball verschluckt hat.«
»Aha, und der andere?«
»Das ist ein Golfspieler – er wartet auf seinen Ball.«

Der Sohn des Eiskunstläufers bringt sein Zeugnis nach Hause. Der Vater fragt skeptisch: »Hast du denn gute Noten bekommen?« Antwortet der Sohn: »Aber sicher: Fünfmal die Traumbewertung ›6‹!«

Lilli bringt ein Paar Fußballschuhe mit nach Hause und jubelt: »Schau mal, die habe ich gefunden, und sie passen!« Fragt die Mutter: »Bist du auch ganz sicher, dass jemand die Schuhe verloren hat?«
»Natürlich! Ich habe gesehen, wie ein Mädchen danach gesucht hat.«

Sitzen zwei Angler regungslos am Flussufer. Nach einer Stunde schlägt einer der beiden die Beine übereinander. Meint der andere: »Was ist denn mit dir los? Sind wir hier beim Angeln oder in der Tanzstunde?!«

Beim Turnen sollen sich alle Schüler auf den Rücken legen und die Beine wie beim Radfahren bewegen. Nur Jens bewegt seine Beine nicht. Fragt der Sportlehrer: »Was ist los? Willst du nicht mitmachen?« Entgegnet Jens: »Doch, doch – ich fahre nur gerade bergab.«

Ein Fallschirmspringer zieht an der Reißleine, doch nichts passiert. Begegnet ihm ein Mann, der einen Schraubenschlüssel in der Hand hält. Der Fallschirmspringer fragt ihn: »Reparieren Sie Fallschirme?« Antwort: »Nein, Gasleitungen ...«

Ein Gewichtheber schafft es bei den Olympischen Spielen nicht aufs Podest. Seine Freundin tröstet ihn: »Nimm doch nicht alles so schwer!«

»Sag mal, was macht eigentlich Jens?«
»Also, wenn er so gut Kajak fährt, wie er behauptet, dann ist er draußen auf dem Fluss beim Kajakfahren. Wenn er allerdings so gut Kajak fährt, wie ich denke, dann ist er draußen auf dem Fluss beim Schwimmen ...«

Elfriede fragt Gusti: »Wusstest du schon, dass Tennisspieler besonders wortkarg sind?«
»Nö, wieso?«
»Ganz einfach: Bei denen ist nach fünf Sätzen Schluss.«

Sitzt ein Sportfischer am Fluss und angelt. Kommt ein Polizist daher und sagt: »Angeln ist hier verboten – macht 20 Euro Strafe!« Der Angler versucht, sich rauszureden: »Aber ich angle doch gar nicht. Ich bringe nur meinem Wurm das Tauchen bei.« Darauf der Polizist: »Aha! Aber der Wurm hat keine Badehose an – macht 50 Euro Strafe!«

Bei der Tour de France lässt ein Radfahrer Luft aus seinen Reifen. Fragt ein Zuschauer: »Warum tun Sie das?«
»Na ja, der Sattel war mir zu hoch!«

Der Bademeister beobachtet einen Mann, der sich schon den ganzen Tag im Schwimmbecken aufhält. Er fragt ihn: »Wie lange wollen Sie denn noch schwimmen?« Darauf der Mann: »Wieso? Ich habe heute Morgen eine Monatskarte gekauft.«

Hanna und ihre Freundin verbringen einen Nachmittag in der Eislaufhalle. Gibt Hanna an: »Ich kann auf Schlittschuhen eine Acht laufen.« Meint die Freundin: »Na, und? Das ist doch nichts Besonderes!« Vervollständigt Hanna: »... in römischen Ziffern.«

Beim Golf steht ein junger Mann vor einem schwierigen Schlag. Er bittet einen älteren Herrn um Rat, der sich in der Nähe befindet. Dieser meint: »Ich war vor langer Zeit in derselben Situation. Da habe ich den Ball einfach über diesen Baum dort geschlagen.« Der junge Mann will es auf einen Versuch ankommen lassen. Doch als er abschlägt, prallt der Ball von einem Ast ab und kommt wieder vor dem jungen Mann zum Liegen. Darauf der ältere Herr: »Ich hätte vielleicht dazusagen sollen, dass der Baum damals lediglich einen Meter hoch war ...«

Ein Mann beklagt sich im Sportgeschäft: »Der Tennisschläger, den Sie mir gestern verkauft haben, ist Mist!« Fragt der Verkäufer höflich: »Wie sind Sie denn zu dieser Ansicht gelangt?« Darauf der Mann: »Na, gestern habe ich den Schläger auf dem Tennisplatz liegen lassen – und heute war er immer noch da!«

Fragt ein Radsportler bei der Tour de France den anderen: »Na, wie geht dein Fahrrad?«
»Mein Fahrrad geht nicht, es fährt!«
»Also gut: Wie fährt dein Fahrrad?«
»Es geht …«

»Schon gehört? Susi darf nicht mehr ins Hallenbad. Sie hat ihr Bikini-Oberteil falsch getragen.«
»Wie kann man denn sein Bikini-Oberteil falsch tragen?!«
»Na ja, sie trug es in der Hand …«

Fragt der Gatte die Ehefrau: »Warum gehst du eigentlich jede Woche auf den Tennisplatz, wenn du meinst, dass dort doch nur über andere gelästert wird?« Antwortet die Frau: »Ganz einfach: Wenn ich nicht gehe, bin ich diejenige, über die gelästert wird.«

»Wie viele Tore hat Klose eigentlich im letzten Spiel erzielt?«
»Exakt doppelt so viele wie im vorletzten Spiel.«
»Wie viele also?«
»Drei.«

Karl-Ludwig fragt seinen Kumpel: »Weißt du, was ich immer denke, wenn ich dich joggen sehe?«
»Nein, was denn?«
»Dumm gelaufen …«

Uschi fragt ihren Freund: »Was macht ihr denn so im Judo-Unterricht?«
»Zurzeit üben wir, wie man mit der Handkante einen Ziegelstein zerschlägt.«
»Und wozu soll das gut sein?«
»Na, damit man sich wehren kann, wenn man überfallen wird.«
»Aber wer verwendet schon für einen Überfall einen Ziegelstein?!«

Ein Formel-1-Pilot macht zusammen mit einem Kumpel Urlaub in Indien. Eines Nachts schleicht sich ein Tiger an das Zelt der beiden heran, sodass die Männer fliehen müssen. Sie rennen in einem großen Bogen um das Zelt, so schnell sie können, der Tiger hinterher. Nach einer Weile ruft der Kumpel: »Lauf schneller, der Tiger hat dich gleich!« Antwortet der Formel-1-Pilot: »Keine Sorge! Ich habe drei Runden Vorsprung.«

Ein Mann beschließt, etwas für seine Gesundheit zu tun und jeden Morgen eine Runde zu joggen. Also geht er ins Schuhgeschäft, um sich Joggingschuhe zu kaufen. Er hält ein Paar Schuhe in den Händen und fragt den Verkäufer: »Wozu ist eigentlich diese kleine Tasche da an der Seite des Schuhs?«
Antwortet der Verkäufer: »Die ist für den Notfall.«
»Für den Notfall?«
»Ja. In die Tasche stecken Sie ein wenig Kleingeld. Falls Sie unterwegs schlappmachen, können Sie damit von der nächsten Telefonzelle aus ein Taxi rufen.«

Der Sportlehrer: »Um Basketball spielen zu können, benötigt man Schnelligkeit, Ausdauer, Geschicklichkeit … und was noch?« Meldet sich ein Schüler: »Einen Basketball!«

»Ich war heute beim Angeln, wie es mir der Arzt empfohlen hat. Mensch, das war ganz schön aufregend!«
»Eigentlich dachte ich, Angeln wirkt beruhigend auf die Nerven.«
»Ja, aber nur wenn man einen Angelschein hat!«

Meint nach der Weltmeisterschaft ein Mann zum Biathleten: »Ich habe Sie beim Schießen beobachtet. Vielleicht kann ich Ihnen helfen.«
»Sind Sie ein Trainer?«
»Nein, ich bin Augenarzt.«

Eine Blondine sitzt im Fußballstadion und beobachtet interessiert, was auf dem Platz vorgeht. Nach etwa zwanzig Minuten fragt sie einen Mann neben sich: »Wann ziehen sich die Spieler denn aus?« Der Mann antwortet verblüfft: »Die Spieler ziehen sich überhaupt nicht aus. Wie kommen Sie denn auf so was?« Die Blondine enttäuscht: »Na, neulich stand doch in der Zeitung: ›Die Hintermannschaft der deutschen Nationalelf stand beim Angriff der gegnerischen Mannschaft entblößt da.‹«

Fragt der Reporter den Skiläufer: »Was machen Sie als Erstes, wenn Sie nach Hause kommen?«
»Als Erstes gehe ich auf die Toilette – ich muss ganz dringend.«
»Und anschließend?«
»Dann werde ich mir die Skier abschnallen.«

Der Grenzbeamte bittet den Fußballstar: »Zeigen Sie mir doch mal Ihren Pass.« Antwortet dieser: »Klar, gerne – haben Sie einen Ball?«

Ole und Henry gehen zum Fußballspiel. Als sie vor dem Stadion in der Schlange stehen, sagt Ole plötzlich: »Du, ich wünschte, ich hätte mein Klavier mitgebracht.«
Fragt Henry verwundert: »Wieso?«
»Weil die Tickets darauf liegen.«

Sagt der Tennislehrer zu seinem Schüler: »Zwei Dinge verhindern, dass aus dir einmal ein großer Tennis-Star wird.«
»Und die wären?«
»Dein rechter und dein linker Arm.«

Von der elften Spielbahn hebt ein Golfspieler eine Schnecke auf und wirft sie so weit weg, wie er kann. Fragt ihn ein Begleiter: »Warum hast du das getan?« Antwortet der Golfspieler: »Hast du es nicht gemerkt? Die Schnecke hat uns schon von der ersten Spielbahn an verfolgt!«

Der Reporter zum Trainer der Schwimmer-Mannschaft: »Verlief das Turnier erfolgreich?« Antwortet der Trainer: »Nun ja, zumindest konnten wir einen Teilerfolg verbuchen. Zwar haben wir keinen Titel geholt – aber immerhin ist keiner aus der Mannschaft ertrunken.«

Beklagt sich der Sportwagenhändler bei seiner Frau: »Dieses Jahr will einfach niemand ein Auto mit Automatik kaufen.«
»Und warum nicht?«
»Na, weil Schaltjahr ist.«

Die Ehefrau fühlt sich vernachlässigt und beschwert sich bei ihrem Gatten: »Manchmal habe ich den Eindruck, du bist mehr in den Fußballsport verliebt als in mich!« Versucht der Gatte zu beschwichtigen: »Das stimmt zwar – aber dafür liebe ich dich mehr als Golf!«

Fragt der Trainer erzürnt den Boxer, der im Kampf zu wenig Engagement zeigt: »Sag mal, was willst du hier eigentlich gewinnen: den Weltmeistertitel oder den Friedensnobelpreis?!«

Der Trainer einer Ruder-Mannschaft beklagt sich bei einem Freund: »Meine Jungs sind einfach zu schlapp, ich weiß nicht mehr weiter!« Meint der Freund: »Lass sie doch einfach jeden Tag sieben Kilometer gehen.«
»Wozu soll das gut sein?«
»Nach einer Woche sind sie mehr als 100 Kilometer weit weg und du bist sie los!«

Sagt der Mechaniker nach dessen Unfall auf der Rennstrecke zum Formel-1-Piloten: »Ich habe eine gute und eine schlechte Nachricht für dich. Welche willst du zuerst hören?«
»Die gute.«
»Die gute Nachricht lautet: Das Lenkrad kann man noch verwenden.«

Zwei Golfspieler streiten sich auf dem Platz. Sagt der eine: »Das ist mein Ball!« Erwidert der andere: »Nein, es ist mein Ball.« Darauf wieder der eine: »Heben Sie den Ball doch einfach mal auf. Sie werden feststellen, dass mein Name draufsteht.« Gesagt, getan. Meint der andere Golfspieler: »Ja, sagen Sie mal: Wie kommt denn Ihr Name auf meinen Golfball?!«

Jammert der Tennis-Profi nach dem Turnier: »So schlecht habe ich noch nie gespielt.« Erwidert sein Gegner frech: »Ach, Sie haben schon mal gespielt?«

Leon kommt zehn Minuten zu spät zur Schule. Der Lehrer: »Hast du dafür eine Entschuldigung?« Leon: »Ja, ich habe von der Fußball-WM geträumt. Es kam zum Elfmeterschießen, und ich musste weiterschlafen, um zu erfahren, welche Mannschaft gewinnt!«

Auf einer Jubiläumsfeier wird Frau Kaspary ein Mann vorgestellt mit den Worten: »Dies ist Herr Kent. Er ist ein berühmter Rugby-Spieler.« Meint Frau Kaspary erfreut: »Oh, ob Sie uns dann wohl nachher etwas auf Ihrem Instrument vorspielen würden?«

Rocky Neun steht vor einem schwierigen Boxkampf. Fragt er seinen Coach: »Habe ich überhaupt eine Chance?« Antwortet der Trainer: »Aber klar: Hau mit deinen Fäusten weiter ordentlich in die Luft – dann bekommt dein Gegner vielleicht eine Erkältung.«

Ein Motocross-Rennfahrer ist mit seinem Motorrad im Straßenverkehr unterwegs. Hält ihn ein Polizist an und sagt: »Ihr Nummernschild ist ja total verschmutzt, man kann nichts darauf erkennen!« Antwortet der Rennfahrer: »Macht nichts, ich kenne es auswendig.«

Ein berühmter Boxer kommt ins Polizeirevier und meldet: »Mir wurden eben 100 Euro geraubt!« Fragt der Polizist: »Haben Sie sich denn nicht zur Wehr gesetzt?« Darauf der Boxer: »Wo denken Sie hin? Ich boxe doch nicht für 100 Euro.«

Voll die Hämmer!

Witze über allerlei Berufe

Spricht der Richter zum Angeklagten: »Leider konnten wir nicht herausfinden, ob Sie das Geld wirklich gestohlen haben.« Entgegnet jener: »Kann ich es dann behalten?«

Eine aufgebrachte Frau ruft beim Gericht an: »Ich möchte mich über den Gerichtsvollzieher beschweren, den Sie gestern zu uns geschickt haben. Er hat sich wie ein ungezogenes Kind verhalten!«
»Wirklich?«
»Ja – alles, was er gesehen hat, wollte er haben.«

Der Personalchef zum Bewerber: »Wie bitte? Sie haben keinerlei Berufserfahrung und verlangen ein Einstiegsgehalt in Höhe von 5000 Euro?«
»Jawohl.«
»Und warum?«
»Na, ohne Berufserfahrung fällt die Arbeit doch viel schwerer.«

»Du, ich habe jetzt eine Anstellung beim Zirkus.«
»So, als was denn?«
»Als Zwerg.«
»Als Zwerg? Aber dafür bist du doch viel zu groß!«
»Das ist doch gerade die Sensation: Ich bin der größte Zwerg der Welt.«

Erzählt ein Fliesenleger seiner Frau: »Heute habe ich 200 Fliesen verlegt.« Antwortet diese: »Mach dir nichts daraus – wir finden sie schon wieder.«

Frau Kiesel beim Zahnarzt. Sie nimmt auf dem Stuhl Platz und schreit wie am Spieß. Meint der Zahnarzt:
»Nanu, ich habe doch noch gar nicht angefangen.«
»Nein, aber Sie stehen auf meinem Fuß!«

Eine ältere Dame wird vom Polizisten befragt: »Und wie haben Sie gemerkt, dass es sich nicht um einen Beamten handelte, der Ihre Wohnung untersuchen wollte, sondern um einen Dieb?«
»Ganz einfach: Für einen Beamten arbeitete er zu schnell.«

»Herr Doktor, ich habe das Gefühl, dass ich von meinen Mitmenschen überhaupt nicht wahrgenommen werde.«
»Der Nächste, bitte!«

Die kleine Leni wird in der Schule gefragt, was sie mal werden möchte. Sie antwortet: »Wenn ich hübsch werde, dann Fotomodel, wenn nicht, dann Lehrerin.«

Verkündet der Mathelehrer seiner Klasse: »Heute dürft ihr mit Taschenrechnern rechnen!« Die Klasse jubiliert, doch dann fährt der Lehrer fort: »Also, wie viel sind fünf Taschenrechner mal drei Taschenrechner?«

»Herr Ober, was ist denn Kaviar?«
»Das sind Fischeier.«
»Gut, hauen Sie mir zwei davon in die Pfanne.«

Unterhalten sich zwei Mütter. Meint die eine:
»Mein Sohn will mal Pilot werden. Und Ihrer?«
»Rechtsanwalt – er ist streitsüchtig, mischt sich in anderer Leute Angelegenheiten und will immer recht haben.«

Jonas hat bei einem Zimmermann endlich eine Ausbildungsstelle gefunden. Am ersten Arbeitstag auf der Baustelle schickt dieser ihn los mit den Worten: »Geh und hole aus dem Auto ein paar Holzschrauben für diesen Balken hier.« Jonas geht los und kehrt nach einer Viertelstunde wieder zurück. Er sagt: »Ich habe das ganze Auto durchsucht, aber Holzschrauben sind keine da – die sind alle aus Metall!«

Ein deutscher und ein amerikanischer Baulöwe wetten, wer von ihnen als Erstes ein Hochhaus fertigstellt. Nach nur zwei Monaten meldet der Amerikaner: »Nur noch drei Tage, dann sind wir fertig!« Darauf der Deutsche kleinlaut: »Nur noch drei Formulare, dann können wir anfangen …«

Der Polizist verlangt von einer Autofahrerin 40 Euro für zu schnelles Fahren. Sie bittet: »Kann es nicht ein bisschen weniger sein? Wissen Sie, in meinem Beruf verdient man nicht viel Geld.«
»Welchen Beruf üben Sie denn aus?«
»Ich bin Verkäuferin.«
»Na gut, dann sagen wir: 39,90.«

Ein junger Gast beschwert sich beim Koch:
»Ihre Schnitzel sind zäh wie Leder!«
»Wie bitte? Ich habe schon Schnitzel gebraten, als Sie noch in den Windeln lagen.«
»Ach deshalb – und warum servieren Sie sie erst heute?«

Der Postbote übergibt Herrn Schalk eine Ansichtskarte und wundert sich: »Eine schöne Karte, aber da steht ja gar nichts drauf!« Meint Herr Schalk: »Kein Wunder, sie ist von meiner Schwester – wir sprechen schon seit Jahren nicht mehr miteinander.«

Meint ein Gärtner zum anderen: »Hast du schon gehört? Pflanzen sollen besser gedeihen, wenn man freundlich mit ihnen spricht.«
»Ach wirklich? Dann geh mal nach dahinten und beleidige das Unkraut!«

Der Automechaniker zum Kunden: »Das Problem ist doch größer als angenommen – Sie brauchen für die Batterie ein neues Auto!«

Kommt ein Mann in die Metzgerei und sagt: »100 Gramm Leberwurst, bitte von der groben.« Antwortet der Metzger: »Tut mir leid, die hat heute frei.«

Die Sekretärin zum Professor: »Das Büro platzt aus allen Nähten! Könnte ich vielleicht die alten Unterlagen wegwerfen?«
»Ja, gute Idee! Bitte machen Sie aber vorher von jedem Blatt eine Kopie.«

Bei einem Konzert stupst der Bratscher den Violinisten an: »Du, sag mal: Was spielen wir als Nächstes?«
»Beethovens Neunte.«
»Oh – die habe ich doch eben schon gespielt ...«

Handwerker kommen meistens nicht in den Himmel. Der Grund: Sie berechnen viel zu viel für die Anfahrt!

Meint der Friseur zu seinem Kunden: »Ihre Haare werden grau.« Antwortet der Kunde: »Kein Wunder – so langsam, wie Sie arbeiten!«

»Herr Ober, bringen Sie mir bitte das, was die Dame am Nachbartisch isst.«
»Tut mir leid, ich glaube nicht, dass sie sich das Essen so einfach wegnehmen lässt.«

Kommt ein Mann zum Psychiater und sagt: »Stellen Sie sich vor, ich bin ermordet worden!« Meint der Psychiater: »Warum wenden Sie sich dann nicht an die Polizei?«
»Na, mir fehlen noch die Beweise.«

Langfinger Ede fragt seinen Sohn: »Na, mein Junge, wie war deine Prüfung?«
»Erste Sahne: Zwei Typen haben mich ins Kreuzverhör genommen, aber kein einziges Wort aus mir herausgekriegt.«

Kommt eine Frau in die Buchhandlung und fragt den Buchhändler: »Können Sie mir einen guten Roman empfehlen?« Fragt jener: »Bevorzugen Sie leichte oder schwere Lektüre?« Antwortet die Frau: »Völlig egal – ich bin mit dem Auto da.«

Im Zirkus bricht ein Feuer aus. Beruhigt der Zirkusdirektor das Publikum: »Keine Sorge, wir haben einen Feuerschlucker!«

Ruft das Häschen beim Metzger an und fragt:
»Haddu Schweineöhrchen?«
»Ja.«
»Haddu Schweinshaxen?«
»Ja.«
»Haddu Schweinefüße?«
»Ja.«
»Dann muddu ganz schön komisch aussehen!«

Ein Schüler wird gefragt: »Wie nennt man ein Lebewesen, das sowohl zu Wasser als auch zu Lande leben kann?«
»Seemann.«

Sagt der Bauunternehmer zu den Arbeitern: »Leute, ich habe eine gute und eine schlechte Nachricht für euch. Zuerst die schlechte: Der Bagger ist kaputt gegangen. Jetzt die gute: Es sind genügend Schaufeln da.«

Unterhalten sich ein Chirurg, ein Ingenieur und ein Politiker, wer von ihnen den ältesten Beruf ausübt. Behauptet der Chirurg: »Natürlich übe ich den ältesten Beruf aus. Es steht doch schon in der Bibel geschrieben, dass Eva aus Adams Rippe geschaffen wurde.« Meldet sich der Ingenieur: »Ja, aber bevor das geschehen konnte, musste das Chaos von einem Ingenieur in Ordnung gebracht werden. Deshalb übe natürlich ich den ältesten Beruf aus.« Darauf der Politiker: »Na, dann ratet mal, wer das Chaos verursacht hat.«

Der Kommissar zum Bankräuber: »Sie haben dieses Ding nicht alleine gedreht. Verraten Sie uns den Namen Ihres Komplizen.«
»Na hören Sie mal, ich werde doch nicht meinen eigenen Bruder verpfeifen …«

Das Telefon klingelt. Der Polizist nimmt den Hörer ab: »Wer ist da, bitte?«
»Mein Name ist Kaiser.«
»Bitte, wer?«
»Kaiser – Karl, Anton, Isidor, Selma, Emil, Rudolf.«
»Aha – und wieso rufen Sie zu sechst an?«

Stehen zwei Richter vor dem Gerichtsgebäude und unterhalten sich. Kommt eine Frau daher und sagt zu einem der beiden: »Ihr Kind hat mit seinem Fußball ein Fenster meiner Wohnung zertrümmert!« Der Richter entschuldigt sich vielmals und reicht der Frau 200 Euro. Als die Frau sich entfernt hat, meint der andere Richter: »Sag mal, du hast doch überhaupt keine Kinder.«
»Stimmt – aber man kann nie wissen, wie die Richter entscheiden.«

Der Zauberkünstler gibt ein Zeitungsinterview. Fragt der Reporter: »Welches ist Ihr liebster Zaubertrick?«
»Ich säge Menschen in zwei Teile.«
»Das ist sehr interessant! Haben Sie Geschwister?«
»Ja, zwei Halbschwestern …«

Der Arzt zum Künstler: »Sie haben nur noch drei Monate zu leben.« Erwidert jener: »Und wovon, bitte schön?«

»Sagen Sie, Herr Ober, trinken Sie?«
»Nein.«
»Schön – dann spare ich mir das Trinkgeld!«

Fragt der Personalchef den Bewerber: »Wie lange waren Sie denn an Ihrem letzten Arbeitsplatz beschäftigt?«
»Neun Jahre, vier Monate, elf Tage.«
»Und warum sind Sie von dort weggegangen?«
»Ich wurde begnadigt.«

Ein Bauarbeiter zum anderen: »34 Grad im Schatten – da kann man doch wirklich nicht arbeiten!« Gibt der andere einen Tipp: »Dann geh doch einfach nicht in den Schatten!«

Kommt ein Mann in den Tabakwarenladen und verlangt: »Ein Paar Wollsocken, bitte.« Darauf der Verkäufer höflich: »Tut mir leid, aber wir führen hier ausschließlich Artikel für Raucher.« Entgegnet der Mann: »Ich bin Raucher!«

Der Chef zum Angestellten: »Sind Sie verrückt? Sie können doch nicht einfach eine Stunde später zur Arbeit kommen!«
»Selber schuld – erst gestern haben Sie mir gesagt, ich solle die Zeitung gefälligst zu Hause lesen.«

Zwei Umzugshelfer sollen ein Klavier in den siebten Stock eines Hauses tragen. »Oje«, stöhnt der eine, »das ist eine ganz schöne Schinderei!« Als sie mit Ach und Krach im siebten Stock ankommen, meint der andere: »Ich habe eine gute und eine schlechte Nachricht.«
»Zuerst die gute.«
»Wir sind jetzt im siebten Stock.«
»Und die schlechte?«
»Es ist das falsche Haus.«

Beklagt sich der Medizin-Professor: »Heutzutage will jeder Idiot Medizin studieren – zu meiner Zeit war ich der Einzige in der ganzen Stadt.«

Ein Pfarrer repariert seinen Gartenzaun und schlägt sich aus Versehen mit dem Hammer auf den Daumen. Sein Gesicht ist schmerzverzerrt. Da meint der freche Nachbarsjunge: »Tja, jetzt sollte man fluchen dürfen!«

»Herr Ober, auf meinem Schnitzel sitzt eine Fliege!«
»Keine Sorge, die hat sich vorher in Ihrem Getränk die Füße gewaschen.«

Zwei Polizisten fassen vor dem städtischen Gymnasium einen Verbrecher. Meint der eine: »Wir müssen ja noch den Bericht verfassen. Wie schreibt man denn ›Gymnasium‹?« Antwortet der andere: »Keine Ahnung! Lass uns einfach sagen, wir hätten ihn bei der Post geschnappt.«

Fragt der Lehrer: »Wenn ich mich mit einer Schaufel mitten auf den Schulhof stelle, ein Loch grabe und nicht aufhöre zu graben – wo komme ich dann hin?« Meldet sich ein Schüler: »Na, in die Nervenheilanstalt!«

Ein Elektriker ärgert sich: »So ein Mist! Bestellt dieser Typ mich bei diesem Regenwetter her, um die Türklingel zu reparieren – und dann macht er nicht mal die Tür auf.«

Auf einem Fischmarkt ruft eine Marktfrau immer wieder: »Dorsch und Butt, Dorsch und Butt.« Kommt ein Kunde an ihren Stand und verlangt: »Ein Kilo Dorsch, bitte.«
»Tut mir leid, Dorsch ist aus. Es gibt nur noch Butt.«
»Aber Sie rufen doch die ganze Zeit: ›Dorsch und Butt.‹«
»Ja, aber nur weil ich sonst rufen müsste: ›Butt, Butt, Butt, Butt, Butt, Butt…‹«

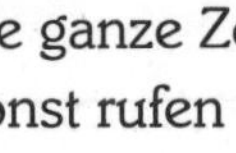

Im Schuhgeschäft klingelt das Telefon. Der Verkäufer nimmt ab und sagt: »Schuhgeschäft Müller, was kann ich für Sie tun?«
»Tut mir leid, ich habe die falsche Nummer gewählt.«
»Kein Problem – wir tauschen um!«

Sagt ein Beamter am Frühstückstisch zu seiner Frau: »Liebling, mach den Kaffee heute bitte nicht wieder so stark – gestern habe ich im Büro kein Auge zugekriegt!«

Der Polizist hält einen Autofahrer an und fragt: »Haben Sie etwas getrunken?« Antwortet der Autofahrer: »Nur einen Wachtmeister, Herr Jägermeister!«

»Herr Ober, warum heißt dieses Gericht eigentlich ›Gulasch Oriental‹«?
»Weil der Hund ›Sultan‹ hieß.«

Der Richter zum Angeklagten: »Warum lügen Sie so viel?«
»Na, weil Sie so viel fragen, Herr Richter.«

Dorfarzt Schulte ist ein passionierter Jäger. Als er von einem Jagdausflug nach Hause kommt, fragt ihn seine Frau: »Na, ist die Jagd erfolgreich verlaufen?«
»Und ob! Zwar nichts erlegt, aber dafür zwei neue Patienten.«

Beim Elternabend sagt der Vater zum Lehrer: »Ich weiß nicht, was aus meinem Jungen mal werden soll – er ist so unzuverlässig.« Meint der Lehrer: »Dann könnte er doch die Wettervorhersage im Fernsehen machen.«

Der Kunde zur Kassiererin im Supermarkt:
»Diese Banknote soll gefälscht sein?«
»Ja.«
»Und woher wollen Sie das wissen, wo Sie doch noch nie einen 15-Euro-Schein gesehen haben?«

Gernot prahlt: »Mein Onkel ist Pfarrer. Alle sagen ›Hochwürden‹ zu ihm.« Meint Gisela: »Das ist doch gar nichts! Ich habe einen Onkel, der 200 Kilo wiegt. Wenn die Leute ihn auf der Straße sehen, rufen sie: ›Allmächtiger!‹«

Der Notar verliest aus dem Testament des alten Gutsherrn: »Auch meinem treuen Diener Jakob habe ich versprochen, ihn in meinem Testament zu erwähnen, was ich hiermit tue: Hallo Jakob, alter Knabe!«

Im Museum sagt die Kassiererin zu einem Besucher: »Nanu, Sie kaufen nun schon zum vierten Mal eine Eintrittskarte.«
»Mir bleibt nichts anderes übrig: Der Typ da am Eingang zerreißt sie immer wieder.«

Der Wirt zum Stammgast: »Jochen, du hast gestern einen Schnaps zu wenig bezahlt!« Darauf Jochen: »Das scheint sich ja schnell herumgesprochen zu haben. Gestern Abend hat mich bereits ein Polizist angehalten und meinte, ich hätte einen Schnaps zu viel getrunken.«

»Mein Fräulein, wenn Sie so lachen, dann würde ich Sie am liebsten zu mir einladen!«
»Sind Sie denn Single?«
»Nein, Zahnarzt.«

»Was möchtest du später mal werden?«
»Ich will zwei Berufe ausüben: im Winter Saisonarbeiter und im Sommer Lehrer.«
»Warum denn das?«
»Na, Saisonarbeiter müssen im Winter nicht arbeiten – und Lehrer haben im Sommer Ferien.«

Fragt der Religionslehrer einen Schüler: »Betest du denn jeden Abend vor dem Einschlafen?«
»Nein, das erledigt meine Mutter für mich.«
»Und was betet sie?«
»Immer das Gleiche: Gott sei Dank, dass er endlich im Bett ist.«

Ein Schafhirte, ein Ingenieur und ein Mathelehrer bekommen die Aufgabe, einen Zaun um eine Herde Schafe zu bauen. Der Schafhirte ist als Erster dran: Er treibt die Schafe auf eine Wiese und baut um diese Wiese dann den Zaun. Der Ingenieur weiß nicht, wie er die Schafe zusammentreiben soll; er baut einfach einen Zaun rund um das ganze Tal. Jetzt ist der Mathelehrer dran, der geht so vor: Er wickelt sich in den Zaun ein und definiert sich als »außen«.

»Herr Ober, warum bringen Sie mir denn schon die Rechnung? Ich bin doch noch gar nicht mit dem Essen fertig!«
»Bei Gerichten mit frischen Waldpilzen machen wir das immer so.«

Karl macht eine Ausbildung zum Maler und Lackierer. Der Meister weist ihn an: »Du streichst die Fenster im Erdgeschoss, ich übernehme die Fenster im Obergeschoss.« Gesagt, getan. Nach einer Stunde kommt Karl nach oben zum Meister und meldet: »Ich habe die Fenster jetzt angestrichen – soll ich die Fensterrahmen ebenfalls lackieren?«

Zwei Bankdirektoren unterhalten sich. Meint der eine: »Meine Bank hat so viel Geld – ich könnte die ganze Welt kaufen!« Erwidert der andere: »Tut mir leid, aber ich verkaufe nicht.«

Und dann war da noch der Glasermeister. Er setzte 30 neue Fensterscheiben ein, bevor er merkte: »Huch, ich habe ja einen Sprung in der Brille!«

Fragt der Polizist den Verdächtigen: »Wann haben Sie Geburtstag?«
»Am 23. Januar.«
»In welchem Jahr?«
»Na, in jedem Jahr!«

Kommt ein Mann in die Kfz-Werkstatt und sagt:
»Ich hätte gerne neue Reifen für mein Auto.«
Der Mechaniker schaut sich das Fahrzeug an und meint dann: »Geht in Ordnung – ein fairer Tausch!«

»Herr Ober, der Wein ist trübe!«
»Nein, wahrscheinlich ist nur das Glas schmutzig.«

Der Immobilienmakler erklärt dem Interessenten:
»Ich will Ihnen nichts vormachen, dieses Haus hat auch Nachteile: Im Westen befindet sich eine Kläranlage, im Süden eine Seifenfabrik, im Osten ein Fischmarkt und im Norden eine Mülldeponie.« Darauf der Interessent:
»Oje, und was sind die Vorteile?«
»Na, Sie wissen immer, aus welcher Richtung der Wind weht!«

Ein Mathematiker kommt in den Drogeriemarkt und möchte Fotos bestellen. Die Verkäuferin fragt: »9 mal 13?« Antwortet der Mathematiker: »117 – wieso?«

Sagt der Gast im Restaurant: »Guten Tag, ich möchte dinieren.« Antwortet der Ober: »Tut mir leid, die Nieren sind aus.«

Frau Herbert sitzt beim Frisör und lässt sich die Haare schneiden. Fragt der Friseur: »Wo haben Sie denn Ihren Urlaub verbracht?«
»In Italien.«
»Oh, waren Sie auch in Rom?«
»Ja.«
»Haben Sie dort auch den Papst gesehen?«
»Ja, wir hatten eine Audienz. Mussten lange warten, bis wir drankamen.«
»Und dann, wie ging es weiter?«
»Dann sind wir zum Papst vorgelassen worden.«
»Und dann?«
»Dann haben wir uns vor ihm niedergekniet.«
»Und dann?«
»Dann hat der Papst mich gesegnet.«
»Und dann?«
»Dann hat er mir seine Hand auf den Kopf gelegt.«

»Und dann?«
»Dann hat er gefragt: Welcher Stümper hat dir denn die Haare geschnitten?«

Kalle flüchtet aus dem Operationssaal. Seine Mutter, die draußen gewartet hat, fragt: »Was ist denn los?«
»Was los ist? Die Krankenschwester hat eben gesagt: ›Das ist ein Routineeingriff, reg dich nicht auf – es wird schon alles gut gehen.‹«
»Das ist doch nicht schlimm.«
»Aber sie hat es nicht zu mir gesagt, sondern zum Chirurgen!«

Ein Schild im Büro eines Beamten: »Gib bei der Arbeit stets 100 Prozent – 20 Prozent am Montag, 20 Prozent am Dienstag, 20 Prozent am Mittwoch …«

Ein Angestellter kommt total erschöpft nach Hause. Seine Frau fragt: »Was war denn los?«
»Stell dir vor: Der Computer ist kaputtgegangen.«
»Und deshalb bist du so erschöpft?«
»Ja – ich musste den ganzen Tag selber denken.«

Der Richter zum Angeklagten: »Warum sind Sie eigentlich viermal in das gleiche Kleidergeschäft eingebrochen?«
»Nun ja, beim ersten Mal habe ich für meine Frau ein Kleid gestohlen, die drei anderen Male musste ich es umtauschen.«

Kommt eine Frau zum Arzt und beklagt sich:
»Herr Doktor, meine Sehkraft lässt nach.«
»Was üben Sie denn für einen Beruf aus?«
»Hellseherin.«

»Hallo Alfred, ich habe gehört, du hast wieder einen Job gefunden. Wo arbeitest du denn?«
»In der Autofabrik.«
»Am Band?«
»Nein, wir dürfen uns frei bewegen ...«

Herr Krause hat einen Job als Museumswärter gefunden. Nach seinem ersten Arbeitstag berichtet er dem Direktor: »Sie können stolz auf mich sein! Heute habe ich bereits zwei Bilder verkauft – einen Picasso und einen Rembrandt.«

Nach dem Gerichtsprozess telegrafiert der Rechtsanwalt an seinen Mandanten: »Die gerechte Sache hat gesiegt!«
Telegrafiert der Mandant zurück: »Sofort Berufung einlegen!«

Der Frühstücksgast zum Ober: »Das Muster auf der Butter ist aber sehr hübsch geworden!«
»Ja, nicht wahr? Ich habe es mit meinem Taschenkamm gemacht.«

Der Architekt zu den Bauarbeitern: »Jetzt aber in die Hände gespuckt! Wir müssen einen 100 Meter hohen Turm bauen.« Die Bauarbeiter legen sich mächtig ins Zeug und nach nur einem Monat steht der Turm. Da kommt der Architekt und sagt: »Kommando zurück! Ich habe den Plan verkehrt herum gehalten – wir brauchen keinen Turm, sondern einen Brunnen.«

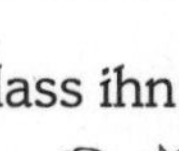

Der Chef zur Sekretärin: »Setzen Sie auf diesen Brief an alle Mitarbeiter den Vermerk ›Streng vertraulich!‹.«
»Warum denn das?«
»Ganz einfach: Ich will, dass ihn jeder liest.«

Ein Mann sucht einen Job und stattet der Arbeitsagentur einen Besuch ab. Fragt der Angestellte: »Was können Sie denn?«
»Nichts.«
»Wir hätten da noch einen Managerposten zu vergeben …«

Besucht ein Mann den Zoo und fragt die Frau an der Kasse: »Haben Sie hier auch Affen?« Darauf die Frau: »Einen Augenblick, ich rufe den Chef.«

Der zerstreute Professor spricht in der Fußgängerzone einen Mann an: »Hallo, lange nicht gesehen! Die schwarzen Haare stehen dir gut – besser als die blonden.«
»Ich hatte nie blonde Haare.«
»Und gewachsen bist du in den letzten fünf Jahren.«
»Nein, überhaupt nicht.«
»Sag mal, wie geht's denn deiner Frau?«
»Ich bin nicht verheiratet.«
»Du hast dich scheiden lassen, Jens?«
»Ich heiße nicht Jens.«
»Sieh mal an, sogar seinen Namen hat er geändert.«

Frau Meier geht zum ersten Mal in die Oper. Wird sie von der Platzanweiserin gefragt: »Wünschen Sie ein Textbuch?« Antwortet Frau Meier: »Nein, danke. Ich werde lieber nicht mitsingen.«

Fragt der Bankangestellte, als der vermeintliche Kunde in seinen Taschen kramt: »Haben Sie vielleicht Ihr Portemonnaie vergessen?« Antwortet jener: »Nein, die Pistole!«

Der Fischhändler zur Kundin: »Unsere Fische sind ganz frisch – heute erst angekommen!«
»Aha, und wann sind sie abgereist?«

Jetzt wird's schleimig

Echt eklige Witze

Treffen sich zwei Unterhosen in der Waschmaschine. Meint die eine: »Warst du im Urlaub? Du bist so braun…«

Ein älterer Herr bekommt im Bus einen Niesanfall, sodass die Tropfen nur so durch die Gegend fliegen. Fragt er eine neben ihm sitzende Frau: »Haben Sie zufällig ein Taschentuch?« Antwortet die Frau: »Ja, aber ich verleihe es nicht!«

Schimpft die Mutter mit Richard: »Hast du denn keine Manieren? Man darf seinen Zeigefinger nicht in die Nase stecken.« Fragt Richard unschuldig: »Ach so? Welchen Finger soll ich denn dann nehmen?«

Kommt ein Sterbenskranker zum Arzt. Dieser verordnet ihm Moorbäder. Fragt der Patient: »Hilft denn das?« Antwortet der Arzt: »Das nicht – aber Sie können sich damit schon mal an die feuchte Erde gewöhnen.«

Die Lehrerin fragt: »Wer von euch kann mir sagen, wann Karl der Große zum Kaiser gekrönt wurde?« Lilli meldet sich, doch sie antwortet nicht, sondern fragt: »Frau Lehrerin, kann ich mal raus?« Die Lehrerin sagt: »Nein, das hat Zeit bis zur Pause. Jetzt will ich erst mal wissen, wann Karl der Große zum Kaiser gekrönt wurde.« Lilli meldet sich erneut: »Frau Lehrerin, es ist wirklich dringend. Darf ich mal kurz raus?«
»Nein, Lilli, warte bis zur Pause! Also, wann wurde Karl der Große zum Kaiser gekrönt?« Jetzt meldet sich Lillis Sitznachbarin und sagt: »Frau Lehrerin, jetzt ist Lilli hier drinnen draußen gewesen …«

Hugo kommt klatschnass nach Hause. Fragt seine Mutter: »Was ist denn mit dir passiert?« Antwortet Hugo: »Och, nichts. Meine Freunde und ich haben nur Hundeplatz gespielt.«
»Aber davon wird man doch nicht so nass?«
»Doch, ich war der Baum …«

»Du, Papa, haben Brombeeren eigentlich Beine?«
»Nein, wieso?«
»Dann habe ich eben einen Käfer gegessen.«

Ein Passant fragt Herrn Baumeister: »Warum um Himmels willen ziehen Sie zwei Meter benutztes Klopapier hinter sich her?«
»Schieben funktioniert nicht!«

Franz ruft Lutz an: »Hast du Lust, heute mit ins Hallenbad zu kommen?« Antwortet Lutz: »Geht nicht, ich habe dort Hausverbot bekommen.«
»Warum denn das?«
»Ich habe ins Becken gepinkelt.«
»Na und, das haben wir doch alle schon mal gemacht.«
»Ja, aber nicht vom Zehnmeterbrett...«

Herr Schmidt kommt in der Mittagspause in die Kantine. An einem Tisch sitzt ein Mann, eine Schüssel Eintopf vor sich. Fragt Herr Schmidt: »Mögen Sie den Eintopf nicht?« Der Mann schüttelt als Antwort nur angewidert den Kopf. Fragt Herr Schmidt weiter: »Darf ich ihn essen?« Der Mann nickt. Also isst Herr Schmidt den Eintopf, Löffel für Löffel. Plötzlich entdeckt er am Boden der Eintopfschale eine tote Maus. Er ist so angeekelt, dass er sich in die Eintopfschale übergibt. Meint der Mann: »Ja, so weit war ich vorhin auch schon gekommen...«

Die Ehefrau zum Arzt: »Sagen Sie mir die Wahrheit! Was fehlt meinem Mann?«
»Es steht nicht gut um ihn. Sie müssen ihm jeden Tag fünf Mahlzeiten zubereiten und ihn rund um die Uhr hegen und pflegen – sonst muss er sterben.« Als die Frau nach Hause kommt, fragt der Mann: »Und, was hat der Arzt gesagt?«
»Du musst leider sterben ...«

»Mama, Mama, ich habe mich heute in Mathe gemeldet!«
»Das ist ja toll, Hansi! Wie lautete denn die Frage?«
»Der Lehrer hat gefragt: ›Wer von euch hat eben einen fahren lassen?‹«

»Du bist so blass heute. Bist du krank?«
»Nö, nur gewaschen.«

Bernd kommt total verdreckt zur Schule. Seine Lehrerin ist entsetzt: »Achtet denn bei euch zu Hause niemand darauf, ob du dich wäschst?«
»Nein, man kann mich schließlich noch an der Stimme erkennen.«

»Mama, ist es wahr, dass ein Mensch nach seinem Tod zu Staub zerfällt?«
»Ja, das stimmt.«
»Oje, dann ist unter meinem Bett jemand gestorben.«

Kindergeburtstag im Wunderland. Zauberschüler Alexander feiert eine Party am Zauberpool: Jeder, der hineinspringt, kann sich wünschen, womit sich der Pool füllt. Otto springt als Erster. Er wünscht sich: »Schlagsahne!« Nun ist Jens dran. Er nimmt Anlauf, wünscht sich »Bananenmilch!« und springt in den Pool. Benjamin ist an der Reihe. Er nimmt Anlauf… oje, stolpert… und flucht: »Flitzekacke!«

Sitzt ein Hase auf der Wiese und weint. Kommt ein Reh vorbei und fragt: »Was ist denn passiert?« Antwortet der Hase: »Der Bär kam vorbei und hat gefragt, ob ich fussele. Als ich das verneint habe, hat er sich mit mir den Hintern abgewischt.« Das Reh findet einige tröstende Worte und zieht dann seines Wegs. Am nächsten Tag trifft das Reh den Hasen wieder auf der Wiese, der diesmal von Herzen lacht. Fragt das Reh: »Warum hast du so gute Laune?« Darauf der Hase: »Der Bär hat heute den Igel gefragt!«

Im Eisenbahnabteil zieht ein Mann seine Schuhe aus und meint zu der Frau, die ihm gegenübersitzt: »Das tut gut! Meine Füße sind eingeschlafen, müssen Sie wissen.« Darauf die Frau: »Also, dem Geruch nach sind sie bereits seit längerer Zeit tot.«

Die pubertierende Elke erzählt ihrer Freundin: »Endlich bekomme ich keine Pickel mehr im Gesicht!«
»Prima, wie hast du das geschafft?«
»Kein Platz für weitere Pickel…«

Uwe fragt Bernhard: »Was ist der Unterschied zwischen Nasenpopeln und Spinat?«
»Keine Ahnung.«
»Nun: Kaum ein Kind isst gern Spinat.«

Ein Bauer kommt mit Blasenbeschwerden zum Arzt. Dieser rät ihm dringend, zukünftig eine Unterhose zu tragen. Der Bauer hat das früher nicht gemacht, befolgt aber den Rat des Arztes und zieht zum ersten Mal in seinem Leben eine Unterhose an. Nach dem Pflügen seines Ackers begibt sich der Bauer in ein Gebüsch, um sein Geschäft zu erledigen. Dabei versäumt er es allerdings, die Unterhose mit herunterzuziehen. Als der

Bauer fertig ist, schaut er zum Boden: nichts zu sehen. »Eine saubere Sache, so eine Unterhose«, denkt er. Er zieht die Hose hoch und setzt sich wieder auf den Traktor. Der Bauer: »Und schön warm ist sie auch …«

Elfriede hat sich eine Klobürste zugelegt und erzählt ihrer Freundin davon. Fragt diese: »Und, bist zu zufrieden damit?« Antwortet Elfriede: »Ach, weißt du: Papier war mir lieber …«

Dieser Witz wurde Anfang des 19. Jahrhunderts von Johann Peter Hebel aufgezeichnet. Ein reicher Herr aus Schwaben schickte einst seinen Sohn nach Paris, damit er Französisch und gute Sitten lerne. Nach einem Jahr kam nun der Knecht nach Paris und besuchte den Sohn. Dieser freute sich und fragte (damals gab es weder Telefon noch E-Mail): »Wie steht es zu Hause? Gibt es etwas Neues?« Antwortete der Knecht: »Nicht viel. Außer dass Euer Rabe gestorben ist.«
»Das arme Tier! Was hat ihm denn gefehlt?«
»Er hat zu viel Aas gefressen, als eure Pferde eingegangen sind, eines nach dem anderen.«
»Wie? Die Pferde sind tot? Wie kam es denn dazu?«
»Sie haben sich beim Wassertragen zu sehr angestrengt, als Haus und Hof abbrannten – geholfen hat es nicht.«

»Das Haus ist abgebrannt?! Wann? Warum?«
»Das war, als Euer Vater in der Nacht mit Fackeln zu Grabe getragen wurde. Da ist ein Funke aufs Haus übergesprungen.«
»Mein Vater ist tot? Du Unglücksbote! Und wie geht es meiner Schwester?«
»Gerade wegen der hat sich Euer Vater zu Tode gegrämt, weil sie ein Kind bekam, ohne dass sie einen Vater dazu hatte. Ansonsten gibt es nicht viel Neues.«

»Oma, schmeckt dir der Keks?«
»Ja, prima!«
»Komisch, der Hund hat ihn wieder ausgespuckt...«

Ein Mann kommt ins Rathaus und bittet einen Beamten:
»Ich möchte gerne meinen Namen ändern.«
»Gut, wie heißen Sie denn?«
»Schweißeimer.«
»Und wie möchten Sie gerne heißen?«
»Schweißheimer mit ›h‹.«
»Das ist machbar, wird aber teuer!«
»Ich weiß, für das ›w‹ musste ich auch schon eine Stange Geld bezahlen.«

»Herr Doktor, ich erledige jeden Morgen um Punkt sieben Uhr mein großes Geschäft.«
»Das ist ja hervorragend!«
»Nicht so ganz – ich stehe erst um halb acht auf…«

Kommt ein Mann zum Arzt und beklagt sich: »Herr Doktor, ich habe fürchterliche Blähungen und muss ständig pupsen. Das Komische: Die Fürze riechen nicht und man hört sie auch nicht.« Darauf der Arzt: »Hier haben Sie Tabletten. Nehmen Sie davon dreimal täglich eine und kommen Sie nächste Woche wieder.« In der Woche darauf kommt der Mann wieder zum Arzt: »Herr Doktor, die Tabletten haben nicht geholfen, im Gegenteil: Ich muss immer noch genauso viel pupsen, und man hört die Fürze immer noch nicht, aber sie stinken jetzt fürchterlich!« Meint der Arzt: »Gut, jetzt wo Ihre Nase wieder in Ordnung ist, wollen wir uns um Ihr Gehör kümmern.«

Max hat braune Flecken im Gesicht. Fragt seine Mutter:
»Was ist denn mit dir passiert?«
»Ich bin ins Gras gefallen.«
»Aber Gras ist doch grün.«
»Nicht, nachdem eine Kuh es gefressen hat.«

Kalle gibt mal wieder an: »Ich habe jetzt ein Stinktier!«
Sein Freund entsetzt: »Was?! Und wo hältst du das?«
»Na, in meinem Zimmer natürlich.«
»Aber der Gestank!«
»Ach was, das Tier wird sich mit der Zeit schon daran gewöhnen.«

Herr Kunibert fährt mit dem Auto ins Grüne, als er mitten auf dem Weg vier Eichhörnchen sieht, deren Fell mit Kot beschmiert ist. Herr Kunibert bremst, holt eine Packung Taschentücher aus dem Handschuhfach und beginnt, die Eichhörnchen sauber zu machen. Als er damit fertig ist, steigt er wieder ins Auto. Da ertönt eine Stimme aus dem Gebüsch: »He, Sie da! Haben Sie zufällig noch ein paar Taschentücher übrig? Die Eichhörnchen sind mir ausgegangen.«

Leon darf bei seinem Freund übernachten. Als sie abends zusammen ins Bad gehen, meint der Freund: »Leon, ich glaube, du hast deine Unterhose falsch herum angezogen.«
»Wieso, ist der Schlitz hinten?«
»Nein, das Braune ist außen.«

Zwei Jungs spielen im Kinderzimmer. Meint der eine plötzlich: »Sag mal, hast du einen fahren lassen?« Darauf der andere: »Klar, was denkst du denn? Dass ich immer so rieche?«

Der Arzt zu Kuno: »Du hast also starken Durchfall? Wann hast du das denn zum ersten Mal bemerkt?«
»Na, als ich die Fahrradklammern abgemacht habe.«

Ein Dieb kommt nach seinem Tod in die Hölle. Meint der Teufel: »Du hast die Wahl zwischen drei Räumen. Ich will sie dir zeigen.« Der Teufel führt den Dieb herum. Im ersten Raum sieht er, wie Menschen hungrig vor einem leckeren Essen sitzen, aber nichts anrühren dürfen. Im zweiten Raum befinden sich Menschen, die den ganzen Tag Volksmusik hören müssen. Im dritten Raum schließlich stehen die Menschen knietief in Kot, scheinen sich aber prächtig zu unterhalten und dürfen sogar spielen oder fernsehen. Der Dieb: »Ich entscheide mich für den dritten Raum.« Darauf der Teufel: »Na gut, wie du wünschst.« Der Teufel lässt den Dieb im dritten Raum zurück, kehrt allerdings nach einer Viertelstunde wieder. Er ruft laut: »Achtung, Leute! Die Pause ist vorbei – untertauchen!«

Benni beklagt sich am Frühstückstisch: »Mama, ich mag das Ei nicht essen.« Darauf die Mutter: »Ruhe! Es wird gegessen, was auf den Tisch kommt!« Nach einigen Minuten meldet sich Benni erneut: »Ich mag das Ei aber wirklich nicht …« Doch die Mutter lässt sich nicht erweichen. Fragt Benni schließlich: »Muss ich den Schnabel auch essen?«

Gero prahlt: »Mein Papa kann sich rasieren, ohne die Zahnbürste aus dem Mund zu nehmen.« Antwortet Konrad: »Das ist noch gar nichts! Mein Papa schneidet sich die Zehennägel, ohne seine Socken auszuziehen!«

»Pfui, du stinkst! Du könntest echt mal wieder ein Bad vertragen.«
»Aber ich bade doch täglich.«
»Dann solltest du mal wieder das Wasser wechseln.«

Ilse zu ihrer Freundin: »Du, ich will mir die Haare ganz kurz schneiden lassen.«
»Lieber nicht, sonst musst du dir immer den Hals waschen.«

Gernot zu seinem Freund: »Mensch, hast du schmutzige Fingernägel!« Antwortet der: »Na und, ich bin schließlich ein Jahr älter als du.«

Zwei Hundehaufen sitzen in der Wiese und rauchen eine Zigarette. Kommt ein Durchfall vorbei und fragt: »Darf ich auch mal daran ziehen?« Antworten die Hundehaufen: »Nö, das ist nur was für harte Typen!«

Helga verlangt auf der Post eine Briefmarke, um sie auf einen Brief zu kleben. Sie leckt daran, doch die Briefmarke will nicht halten. Beschwert sich Helga beim Postangestellten: »Diese Briefmarke klebt nicht!« Antwortet jener: »Dann ist wohl doch was dran. Sie sind nun schon die vierte Person, die vergeblich versucht hat, diese Briefmarke aufzukleben.«

Zwei britische Gentlemen reiten aus. Auf dem Feld lässt plötzlich das Pferd des einen Mannes einen fahren. Der Reiter entschuldigt sich: »Ich bitte um Pardon!« Meint der andere Gentleman: »Nicht nötig! Ich hatte sowieso geglaubt, es wäre das Pferd gewesen.«

Kommt ein Mann in die Apotheke. Er reicht dem Apotheker einen Löffel mit Zucker, der mit einer Flüssigkeit beträufelt wurde, und sagt zu ihm: »Da, probieren Sie!« Der Apotheker ist misstrauisch und fragt: »Was ist denn das?« Antwortet der Mann: »Na, mein Arzt meinte, ich solle in der Apotheke meinen Urin auf Zucker testen lassen.«

Sagt die Mutter: »Paul, wasch dir bitte die Hände – du hast gleich Klavierunterricht!«
»Nicht nötig, heute spiele ich sowieso nur auf den schwarzen Tasten.«

Ein Kellner serviert seinem Gast eine Suppe. Was diesem gar nicht gefällt: Der Kellner hält seinen Daumen in die Suppe hinein. Fragt der Gast empört: »Können Sie mir vielleicht sagen, was das soll?« Antwortet der Kellner: »Ich habe manchmal Schmerzen im Daumen. Mein Arzt hat mir empfohlen, ihn warm zu halten.« Darauf der Gast: »Dann können Sie sich den Daumen in den Mund stecken – aber nicht in meine Suppe!« Erwidert der Kellner: »Sie haben recht, das tue ich auch die ganze Zeit, nur nicht, wenn ich im Gastraum bin.«

Ein Mann kommt mit einem schlimmen Husten zum Arzt, doch jener verschreibt ihm versehentlich ein Abführmittel statt Hustensaft. Drei Tage später kommt der Patient erneut in die Praxis. Der Arzt fragt: »Und, husten Sie noch?« Antwortet der Patient: »Nein, ich traue mich nicht mehr ...«

Die Deutschlehrerin zur Klasse: »Wer kann einen Satz bilden, in dem die Worte ›wahrscheinlich‹ und ›denn‹ vorkommen?« Julia meldet sich: »Die Kartoffelpreise steigen wahrscheinlich, denn die Ernte war schlecht.« Darauf Gustav: »Wahrscheinlich siegt unsere Nationalmannschaft, denn sie ist gut in Form.« Auch Kevin meldet sich und gibt zum Besten: »Meine Oma geht über den Hof und hat eine englische Zeitung bei sich.« Die Lehrerin: »Aber in deinem Satz kommen weder ›wahrscheinlich‹ noch ›denn‹ vor!« Kevin fährt fort: »Wahrscheinlich geht sie zum Klohäuschen – denn sie kann kein Englisch.«

Ein Ehepaar geht durch den Park. Tritt der Mann in einen Hundehaufen und ruft: »Oje, jetzt sehe ich aus wie ein Schwein.« Meint die Frau: »Ja, und schmutzig gemacht hast du dich auch noch.«

Rotkäppchen kommt auf dem Weg zur Großmutter durch den Wald. Da erblickt sie den Wolf und sagt zu ihm: »Hallo, wer bist denn du?« Stöhnt der Wolf: »Mist, kann man hier nicht einmal in Ruhe sein Geschäft erledigen?!«

Bauer Manfred und seine Frau Gerda arbeiten auf dem Feld. Als Gerda sich bückt, bemerkt Manfred: »Gerda, du hast ja gar keine Unterhose an!« Antwortet Gerda: »Ja, was denkst denn du? Dass ich die ganzen Fliegen im Gesicht haben will?!«

Drei Jungs machen einen Spaziergang durch die Fußgängerzone ihrer Stadt. Da schlägt einer eine Wette vor: »Wer den größten Grünen auf ein Schaufenster spucken kann, hat gewonnen!« Der erste Junge fängt an: Er zieht seinen Rotz hoch und spuckt auf das Schaufenster. Nun ist der zweite Junge dran: Auch er zieht seinen Rotz hoch und spuckt auf das Schaufenster – einen größeren Grünen als der erste Junge. Der dritte Junge will unbedingt gewinnen: Er zieht allen ihm zur Verfügung stehenden Rotz hoch, setzt zum Spucken an und … ein Polizist kommt vorbei. Er fragt: »Ja, was macht ihr denn hier?« Der dritte Junge schluckt heftig und antwortet dann: »Och, nichts …«

Sag mal: »Das Schleimschwein schleimt schweinisch im Schleim, im Schleim schleimt schweinisch das Schleimschwein.«

Der Arzt präsentiert seinem Patienten den Laborbefund mit den Worten: »Ich will Ihnen nichts vormachen. Sie haben nicht mehr lange zu leben. Bei diesen Blutwerten höchstens noch fünf...« »Was? Jahre?« »... vier...«

Heinz und Kalle gehen ins Theater. Mitten in der Vorstellung muss Kalle ganz dringend mal und schleicht sich raus. Er sucht die Toilette, findet aber keine. Also betritt er einen dunklen Raum und verrichtet sein Geschäft in eine Vase, die dort auf dem Tisch steht. Als er fertig ist, kommt er zurück und fragt Heinz: »Na, habe ich was verpasst?« Meint jener: »Und ob! Eben kam einer rein, hat auf der Bühne in eine Vase gepinkelt und ist dann wieder abgehauen.«

Übrigens sollen die Ostfriesen Senf mit auf die Toilette nehmen. Und warum? Na, damit die Wurst besser schmeckt.

Der Lehrer erklärt: »Der Mensch kann mit den Füßen gehen, mit den Händen arbeiten, mit dem Mund sprechen und mit der Nase riechen.« Meldet sich der kleine Max: »Bei meinem Vater ist das anders: »Der riecht an den Füßen, redet mit den Händen, seine Nase läuft und bei ihm arbeitet ständig das Mundwerk.«

Ein Fußballspieler setzt im gegnerischen Tor ein Häufchen ab. Der Torhüter ist außer sich vor Wut und schreit: »Sag mal, spinnst du?!« Antwortet der Spieler: »Wieso? Ich dachte, dies sei ein Ausscheidungsspiel...«

Karl-Otto kommt von einer Party nach Hause und berichtet seiner Frau: »Also die Müllers lassen sich nicht lumpen. Sogar ein goldenes Klo haben sie.«
»Glaub ich nicht!«
»Wenn du mir nicht glaubst, nehme ich dich morgen mit und zeige es dir!« Gesagt, getan. Am nächsten Tag klingelt Karl-Otto bei den Müllers und fragt: »Dürfte ich meiner Frau wohl Ihr goldenes Klo zeigen?« Darauf ruft Frau Müller, die geöffnet hat, ihrem Mann zu: »Der Typ ist wieder da, der gestern in deine Tuba gemacht hat!«

Eine alte Dame ist empört: »Warum wirfst du denn mit Steinen nach dem Jungen da drüben?«
»Er hat Pocken – ich darf nicht näher ran!«

Herr Puschel fährt mit dem Aufzug in den vierten Stock seines Wohnhauses. Eine Frau, die ebenfalls nach oben fährt, ist stark parfümiert. Als Herr Puschel schnuppert, meint die Frau: »Das ist ein Designer-Parfüm – kostet 50 Euro.« Der Aufzug hält im vierten Stock. Lässt Herr Puschel vor dem Aussteigen einen fahren und meint: »Rosenkohl – 79 Cent.«

Birgit zu ihrer Freundin Michaela: »Ich habe dir doch erzählt, dass mein Mann gestorben ist. Stell dir vor: Er hat einen Umschlag mit 10 000 Euro drin hinterlassen.«
»Wofür denn?«
»Im Abschiedsbrief stand: Für einen Blumenkranz und einen schönen, großen Stein.«
»Und, hast du die Sachen gekauft?«
»Aber natürlich: Der Kranz liegt auf seinem Grab, und der Stein«, mit diesen Worten präsentiert Birgit ihren Ringfinger »... sieh selbst!«

Fragt der kleine Ralf den Kinderarzt: »Kann man eigentlich mit Durchfall baden?« Antwortet der Doktor: »Na, wenn du damit die Wanne vollkriegst …«

Treffen sich einige Tiere an der Wasserstelle. Die Giraffe gibt an: »Es ist so toll, einen langen Hals zu haben! Ich kann von einem Baum jedes Blatt pflücken, und es fühlt sich richtig gut an, wenn die Nahrung ganz langsam den Hals herunterrutscht.« Fragt das Zebra: »Schon mal gekotzt?«

Am Tag der Goldenen Hochzeit kommt ein Reporter zum Ehepaar Paschulke und fragt: »Verraten Sie uns Ihr Geheimnis: Wie gelingt es, 50 Jahre zusammenzuleben?« Antwortet die Frau: »Ach, wissen Sie, es muss einfach alles bis ins Kleinste geregelt sein. Nehmen Sie als Beispiel die beiden Handtücher im Bad. Das eine dient zum Abtrocknen des Antlitzes, deshalb habe ich ein ›A‹ darauf gestickt, das andere ist zum Abtrocknen des Gesäßes und trägt deshalb ein ›G‹.« Meldet sich der Mann zu Wort: »Ach so? Und ich dachte immer, das mit dem ›G‹ wäre fürs Gesicht und das mit dem ›A‹ für den Ar…«

Meint die Sprechstundenhilfe zum Patienten: »Wir bräuchten von Ihnen auch noch eine Urin- und eine Stuhlprobe.« Antwortet jener: »Kein Problem, ich lasse Ihnen einfach meine Unterhose da.«

Ein Ehepaar geht spazieren. Plötzlich bleibt der Mann stehen, hebt einen Hundehaufen mit bloßen Händen auf, zeigt ihn seiner Frau und meint: »Uff, das war knapp. Um ein Haar wäre ich da reingetreten!«

Alle Kinder lieben Erna ...

Witze mit Klein Erna und Fritzchen

Klein Erna gießt Wasser in ihren Computer. Ruft der Vater entsetzt aus: »Warum tust du das?!« Antwortet Klein Erna: »Ich will im Internet surfen!«

Fritzchen öffnet seiner Tante die Tür und gibt zum Besten: »Hallo Tante, bist du jetzt beim Ballett?«
»Nein, wie kommst du denn darauf?«
»Na, Papa hat doch eben gesagt: ›Jetzt kommt die Alte schon wieder angetanzt!‹«

»Hast du denn auch brav deinen Lebertran eingenommen, Erna?«
»Na klar, Mama. Eine ganze Gabel voll!«

Oma Ranka zu Klein Erna: »Na, mein Kind, kannst du denn schon das ABC?«
»Aber sicher! Sogar schon bis 1000!«

Heute gibt es Spinat, den Fritzchen überhaupt nicht mag. Er spricht folgendes Tischgebet: »Komm, Herr Jesus, sei unser Gast – dann siehst du, was du uns bescheret hast!«

Fritzchen soll als Hausaufgabe einen Aufsatz schreiben. Das Thema: »Wenn ich Millionär wäre.« Kommt seine Mutter ins Kinderzimmer und stellt fest: »Nanu, du schreibst ja gar nicht.« Antwortet Fritzchen: »Nein – ich warte auf meine Sekretärin.«

Fritzchen darf heute mal den Salat zubereiten. Er gibt sich alle Mühe, doch am Mittagstisch verzieht der Vater das Gesicht: »Der Salat schmeckt aber komisch – hast du ihn denn gründlich abgewaschen?« Fritzchen: »Aber natürlich, ich habe sogar Spülmittel dazu verwendet!«

Kommt Fritzchen in die Molkerei und fragt: »Was kostet ein Tropfen Milch?«
»Der ist kostenlos.«
»Schön, dann tröpfeln Sie mir doch bitte meine Kanne voll.«

Fritzchen macht Urlaub auf dem Bauernhof. Fragt ihn der Bauer: »Möchtest du sehen, wie ein Kalb zur Welt kommt?« Darauf Fritzchen »Na klar!« Erklärt der Bauer: »Weißt du, zuerst kommen die Vorderbeine raus, dann der Kopf, dann die Hinterbeine.« Fritzchen verdutzt: »Und wer setzt das alles zusammen?«

Fragt Klein Erna ihren Vater: »Du, Papi, was ist eigentlich ein Sturm?«
»Ganz einfach: Ein Sturm ist Wind, der es eilig hat.«

Die Nachbarin zu Fritzchens Mutter: »Fritzchen scheint ja ganz schön fleißig zu sein.«
»Ja, das ist seine Stärke.«
»Der Fleiß?«
»Nein, der Schein.«

Klein Erna fährt nach Einbruch der Dunkelheit immer noch mit ihrem Fahrrad im Hof herum. Ruft die Mutter aus dem Fenster: »Erna, komm endlich hoch, es ist längst Schlafenszeit!« Entgegnet Erna: »Ich würde ja gerne – aber ich finde keinen Parkplatz!«

Klein Erna fragt ihre Mutter: »Können Regenschirme eigentlich Kinder kriegen?«
»Nein.«
»Wie entsteht dann ein Knirps?«

Der Vater zu Fritzchen: »Wie kommt es eigentlich, dass du im Diktat genau die gleichen Fehler gemacht hast wie dein Banknachbar?«
»Ist doch klar: Wir haben denselben Lehrer!«

Onkel Hermann schickt Fritzchen zum Bäcker: »Hier hast du zwei Euro. Davon kaufst du zwei süße Stückchen – eines ist für mich, das andere für dich.« Nach einer Viertelstunde kommt Fritzchen mampfend zurück und händigt seinem Onkel einen Euro aus. Er sagt: »Tut mir leid, Onkel Hermann, der Bäcker hatte leider nur noch ein süßes Stückchen.«

Fritzchen sitzt im Bus einem alten Mann gegenüber und kaut Kaugummi. Meint der Mann nach einer Weile laut: »Nett, dass du mir so viel erzählst, Junge – aber ich bin schwerhörig und verstehe kein Wort!«

Der Lehrer: »Wer von euch kann ein schönes Gedicht aufsagen?« Klein Erna meldet sich und trägt vor:
»Ein Angler sitzt am Nordseestrand
mit einer Angel in der Hand.
Er angelt einen großen Barsch,
das Wasser reicht ihm bis zum Knie.«
Darauf der Lehrer: »Aber Klein Erna, das reimt sich doch gar nicht.«
»Na, dann warten Sie mal, bis die Flut kommt!«

Fritzchen und Klein Erna gehen zum Kinderarzt. Fragt dieser Fritzchen: »Was fehlt euch denn?« Antwortet Fritzchen: »Klein Erna hat eine Murmel verschluckt.«
»Aha, und was fehlt dir?«
»Die Murmel.«

Die Mutter bittet Fritzchen: »Sei so gut und fülle diesen Pfefferstreuer auf.« Meint Fritzchen: »Aber klar doch, mach ich!« Zwei Stunden später kommt er weinend zu seiner Mutter gerannt. Fragt diese: »Was hast du denn, Junge?«
»Ich kriege die Pfefferkörner einfach nicht durch die kleinen Löcher!«

Klein Erna kommt ins Wohnzimmer gestürmt und ruft: »Papa, Papa!« Der Vater blickt genervt von seiner Zeitung auf und meckert: »Habe ich dir nicht schon hundertmal gesagt, dass du nur reden sollst, wenn du gefragt wirst?«
»In Ordnung. Könntest du mich dann bitte mal fragen, ob Hansi die Treppe runtergestürzt ist?«

Fritzchen zu seiner Mutter, als der Nikolaus mit Knecht Ruprecht ins Wohnzimmer tritt: »Schnell, Mama, ruf unseren Anwalt an!«

Die Mutter zu Klein Erna: »Aber Kind, an deinem Geburtstag musst du doch nicht abwaschen – mach es morgen!«

Fritzchen soll im Kunstunterricht ein Pferd malen, das auf einer Weide steht. Doch er hat keine Lust. Also gibt er ein leeres Blatt ab. Der Lehrer: »Nanu, du hast ja gar nichts gemalt!« Erwidert Fritzchen: »Ich kann nichts dafür: Das Pferd hat das ganze Gras gefressen und ist dann abgehauen.«

Fritzchen übernachtet bei einem Freund und bittet: »Können wir zum Schlafen das Licht anlassen?« Fragt der Freund: »Wieso? Hast du etwa Angst im Dunkeln?« »Nein, das nicht – aber die Dunkelheit hat Angst vor mir!«

Wird Klein Erna von ihrer Lehrerin gefragt: »Was ist der Unterschied zwischen ›ausreichend‹ und ›genug‹?« Klein Erna überlegt einen Moment und antwortet dann: »Wenn Mutti mir Süßigkeiten gibt, dann ist es ›ausreichend‹, wenn ich mir die Süßigkeiten selbst nehme, dann ist es ›genug‹.«

Der Kinderarzt zu Fritzchen: »Es ist doch nicht so schlimm, wenn du im Schlaf redest.«
»Oh doch – die ganze Klasse lacht schon über mich!«

Als die Familie beim Sonntagsspaziergang an einer Schafweide vorbeikommt, erklärt der Vater: »Für einen Wollpullover braucht man ungefähr vier Schafe.« Darauf Fritzchen: »Interessant! Ich wusste gar nicht, dass Schafe stricken können …«

Klein Erna geht mit Oma Lotte zum Shopping ins Einkaufszentrum. In der Kleiderabteilung meint die Verkäuferin zur Oma: »Diese Bluse macht Sie glatt zehn Jahre jünger!« Meint Klein Erna: »Dann kauf sie bloß nicht – sonst verlierst du noch deine Rente.«

Klein Erna berichtet ihrer Mutter: »Ich habe von einem Baby gelesen, das mit Elefantenmilch gefüttert wurde. Nach einem Monat war es so schwer, dass es kein Mann mehr hochheben konnte.«
»Das ist Unsinn! Was für ein Baby soll denn das gewesen sein?«
»Na, ein Elefantenbaby!«

Der Lehrer: »Nun, Kinder, bildet mir jeder einen Satz, in dem das Wort ›immerhin‹ vorkommt.« Der erste Schüler: »Ich wurde letztes Jahr nicht Klassenbester, aber immerhin Zweitbester.« Der zweite Schüler: »Ich bin noch kein Teenager, aber ich bin immerhin schon 10.« Nun ist Fritzchen an der Reihe: »Mein Vater geht ins Büro.« Meint der Lehrer zu Fritzchen: »Aber in deinem Satz kommt doch nicht ›immerhin‹ vor.«
»Doch: ins Büro – da geht mein Vater immer hin.«

Klein Erna hat dabei geholfen, in der Küche aufzuräumen. Doch nun vermisst die Mutter das Sieb und fragt Klein Erna: »Hast du das Sieb gesehen?«
»Ja, das habe ich weggeschmissen – so viele Löcher!«

Fritzchen berichtet seiner Mutter: »Mama, Bello hat in der Küche eben zwei der drei Schnitzel gefressen – deins und das von Papa!«

Fritzchen hilft dabei, den Dachboden zu entrümpeln. Als er seinen alten Laufstall mit den Gitterstäben entdeckt, rennt er aufgeregt zu seiner Mutter und sagt: »Du, ich kriege ein Geschwisterchen!« Die Mutter erstaunt: »Wie kommst du denn auf so was?«
»Na, die Falle ist schon aufstellt!«

Die Lehrerin legt ihren Filzhut auf den Tisch und sagt zu den Schülern: »So, liebe Kinder, ihr habt eine Viertelstunde Zeit, um diesen Hut zu beschreiben!« Die Kinder machen sich ans Werk. Nach ein paar Minuten meldet sich Fritzchen: »Eine kurze Frage: Schreibt man schäbig mit ›ä‹ oder mit ›e‹?«

Sagt Klein Erna zum Wackelpudding: »Du brauchst gar nicht so zu zittern – ich werde dich trotzdem essen!«

Fragt Klein Erna ihren großen Bruder: »Was ist ein Rotkehlchen?«
»Irgend ein verrückter Fisch.«
»Hier steht aber, dass ein Rotkehlchen fliegen kann.«
»Da hast du es: total verrückt für einen Fisch!«

Fritzchen kommt nach Hause und berichtet: »Heute haben wir im Chemie-Unterricht Sprengpulver hergestellt.«
»Interessant! Und was macht ihr morgen in der Schule?«
»Welche Schule?«

Klein Erna liest ein Buch. Einen Satz darin versteht sie nicht und fragt ihre Mutter: »Mama, was bedeutet: ›Sie gebar ihm einen Sohn‹?«
»Das heißt so viel wie ›sie schenkte ihm einen Sohn‹.«
»Aha.« In der Woche darauf soll Klein Erna einen Aufsatz zum Thema »Mein schönstes Geschenk« verfassen. Sie schreibt: »Zu Weihnachten gebar mir meine Patentante ein Meerschweinchen.«

Der Vater nach der Ziehung der Lottozahlen enttäuscht: »Mist, wieder keine einzige Zahl richtig!« Darauf Fritzchen: »Mach dir nichts daraus – in der Mathearbeit gestern ging es mir genauso.«

Fritzchen bringt sein Zeugnis nach Hause und sagt zur Mutter: »Du kannst stolz auf mich sein!«
»Bist du also durchgekommen?«
»Nein, das nicht – aber von allen, die sitzenbleiben, bin ich der Beste.«

»Du, Mama, ich habe ein Wort gelernt, das mit ›A‹ anfängt und ›och‹ aufhört.«
»Fritzchen!«
»Das Wort heißt: ›Aschermittwoch‹.«

Opa Wilfried erzählt Fritzchen: »Damals, als ich in Kanada lebte, wurde ich mal von fünf Wölfen angefallen.«
»Opa, als du die Geschichte letztes Jahr erzählt hast, waren es nur zwei Wölfe.«
»Ja ... da warst du eben noch zu jung, um die ganze Wahrheit zu erfahren.«

Fritzchen überwindet sich und fragt Christine: »Hast du Lust, mit mir ein Eis essen zu gehen?«
»Fällt dir nichts Besseres ein?!«
»Doch, Sandra – ich habe sie schon gefragt, aber sie will nicht.«

Klein Erna fragt Tante Gerda: »Warum hast du denn so einen dicken Bauch?« Antwortet die Tante: »Weil da ein Kind drin ist.«
»Nanu, ich dachte, du hast Kinder gern.«
»Hab ich auch!«
»Aha, und warum hast du dann eins gegessen?«

Fritzchen ruft seinem Freund vom Fenster des Kinderzimmers aus zu: »Ich muss erst noch Hausaufgaben machen, Klavier üben und mein Zimmer aufräumen – in zehn Minuten komme ich runter!«

Der Lehrer: »Das Zebra gehört zu den …?« Ein Schüler meldet sich: »Säugetieren.«
»Richtig! Und der Hering gehört zu den …? Fritzchen!« Antwortet jener: »Bratkartoffeln.«

Die Mutter geht mit Klein Erna in den Zoo und ermahnt sie: »Geh aber nicht so nah an die Eisbären ran – du bist sowieso schon erkältet.«

Fragt Klein Erna ihre Mutter: »Sag mal, Mama: Ist ›prügeln‹ und ›schlagen‹ eigentlich das Gleiche?«
»Ja, mein Schatz.«
»Aha, und warum lachen mich die anderen dann immer aus, wenn ich sage ›Es hat zwölf geprügelt‹?«

Klein Erna zeigt ihren Eltern ein selbst gemaltes Bild und erklärt: »Schaut mal, ich habe den lieben Gott gemalt.« Meint der Vater: »Hör mal, Kind, niemand weiß, wie der liebe Gott aussieht.« Kontert Erna selbstbewusst: »Aber jetzt wisst ihr es!«

Die Mutter zu Fritzchen: »Warum musstest du denn heute nachsitzen?«
»Ich habe mich geweigert, jemanden zu verpetzen.«
»Wen denn?«
»Die Lehrerin wollte wissen, wer Julius Caesar ermordet hat.«

Fritzchen kommt heute früher nach Hause und verkündet: »Wir haben hitzefrei!«
»Was, mitten im Winter?!«
»Ja – die Schule brennt.«

Klein Erna fragt ihren Vater, der es sich auf dem Sofa gemütlich gemacht hat: »Papa, schläfst du?«
»Zum Teil.«
»Was soll denn das heißen?«
»Die Füße sind mir eingeschlafen.«

Klein Erna findet vor der Haustür einen Geldschein und steckt ihn in die Tasche. Ein älterer Herr fragt: »Möchtest du den Geldschein zum Fundbüro bringen?« Antwortet Klein Erna: »Nein, der gehört sicher Mama. Papa sagt, dass sie das Geld immer zum Fenster rauswirft.«

Fritzchen besucht mit seiner Familie ein Museum. Vor einer Statue mit dem Titel »Der Sieger« bleiben sie stehen. Der Statue fehlen beide Arme und die Nase. Meint Fritzchen: »Oje, wie da wohl erst der Verlierer aussieht ...«

Fritzchen ist mit seiner Mutter im Kaufhaus. Da sagt er zu ihr: »Du, Mama, ich muss mal pinkeln!« Meint die Mutter: »Also, Fritzchen, wie du dich ausdrückst … Sag nächstes Mal lieber ›Ich muss singen‹ – ich weiß dann schon, was gemeint ist.« Das Wochenende darauf darf Fritzchen bei seinen Großeltern verbringen. Sagt er zur Großmutter: »Du, Oma, ich muss mal singen!«
»Jetzt nicht, Opa schläft schon.« »Aber ich muss ganz dringend singen!«
»Na gut, dann sing mir was ins Ohr …«

Fragt der Physiklehrer: »Wer kann mir sagen, woher der Strom kommt?« Meldet sich Fritzchen: »Der Strom kommt aus dem Zoo.« »Wie kommst du denn darauf?«
»Na, mein Papa meinte erst gestern beim Rasieren: ›Jetzt haben die Affen schon wieder den Strom abgestellt.‹«

Der Vater will Klein Erna das Schwimmen beibringen. Meint diese nach zwanzig Minuten im Hallenbad:
»Du, Papa, können wir für heute Schluss machen?«
»Wieso, hast du keine Lust mehr?«
»Lust hätte ich noch – aber keinen Durst mehr!«

Klein Erna wird von ihrer Großmutter gefragt: »Nun, mein Kind, warst du heute in der Kirche auch schön artig?«
»Na, und ob! Ein Mann hat mir ein Körbchen mit Geld angeboten und ich habe es höflich abgelehnt.«

Fritzchen zur Verkäuferin im Supermarkt: »Sie haben sich beim Rausgeben um zehn Euro vertan!«
»Na, da könnte ja jeder kommen!«
»Gut, dann behalte ich das Geld eben ...«

Fritzchen zu Klein Erna: »Heute habe ich in der Schule etwas über die Entfernung der Planeten gelernt.«
»Interessant! Und wie entfernt man sie?«

Fragt Fritzchen den Vater: »Kennst du den Unterschied zwischen Radio, Fernsehen und einer Taschengelderhöhung?«
»Nein.«
»Also: Radio kann man hören, Fernsehen kann man sehen – aber von einer Taschengelderhöhung höre und sehe ich nun schon seit einem Jahr nichts.«

Fragt der Vater: »Fritzchen, wo hast du denn den ganzen Nachmittag gesteckt?«
»Ich habe Postbote gespielt und Briefe an die ganze Nachbarschaft verteilt.«
»Aha, und wo hattest du die Briefe her?«
»Na, aus deinem Nachttisch – die mit der rosa Schleife drum.«

Weihnachtszeit. Fritzchen macht einen Besuch in der Kirche. Als er sich unbeobachtet fühlt, schnappt er sich die Krippenfiguren Maria und Josef und eilt nach Hause. Schreibt er einen Brief ans Christkind: »Liebes Christkind: Entweder ich kriege zu Weihnachten ein Fahrrad oder du siehst deine Eltern nie wieder!«

Klein Erna fragt ihre Mutter: »Können eigentlich alle Engel fliegen?«
»Ja, mein Kind.«
»Aber Sandra kann nicht fliegen.«
»Nein, Sandra ist ja auch kein Engel, sondern die Sekretärin deines Vaters.«
»Aber Papa sagt, sie sei ein süßer Engel.«
»Ach so? Ja, dann fliegt sie!«

Der Vater zu Fritzchen: »Auf dem Mond ist so viel Platz, dass bestimmt eine Million Menschen dort leben könnten.« Darauf Fritzchen: »Vielleicht, aber bei Halbmond gäbe es dann ein Riesengedränge!«

Fritzchen ist neu in der Klasse. Fragt der Lehrer:
»Wie alt bist du?«
»Ich bin neun.«
»Und was möchtest du mal werden?«
»Zehn.«

Klein Erna steht am Fluss und weint. Kommt eine Frau vorbei und fragt sie: »Warum weinst du denn, Mädchen?«
»Ein Junge hat mein Pausenbrot ins Wasser geworfen!«
»Mit Absicht?«
»Nein, mit Marmelade ...«

Der Lehrer fragt Fritzchen: »Gibt es etwas, das flüssiger ist als Wasser?« Fritzchen denkt einen Moment nach und antwortet dann: »Ja, Hausaufgaben – die sind nämlich überflüssig!«

Die Mutter will einkaufen gehen. Sie bittet Klein Erna: »Kannst du im Badezimmer bitte kurz nachschauen, wie viel Zahnpasta noch da ist?« Klein Erna legt sofort los. Nach einer Weile ruft sie der Mutter aus dem Badezimmer zu: »Es ist noch genügend da, Mama – die Zahnpasta reicht vom Fenster bis zur Eingangstür.«

Kommt Fritzchen von einer Prüfung nach Hause. Sein Vater fragt: »Na, wie ist es gelaufen?«
»Ich glaube ganz gut. Aber der Prüfer muss ein ganz schön frommer Mann sein.«
»Wieso?«
»Jede Antwort, die ich auf seine Fragen gegeben habe, kommentierte er mit ›Oh Gott, oh Gott!‹.«

Klein Erna kommt nicht an den Klingelknopf ran. Ein Passant bemerkt dies und fragt: »Na, Mädchen, wo möchtest du denn klingeln?«
»Bei Frau Müller, bei Herrn Schmidt und bei Herrn Kaiser.«
»Warte, ich helfe dir«, spricht der Passant und betätigt die Klingelknöpfe. Meint Klein Erna: »Prima – und jetzt nichts wie weg!«

Fritzchen ertappt einen Einbrecher auf frischer Tat. Sagt er zu ihm: »Keine Angst, ich verpfeife Sie nicht – aber Sie müssen auch meine Schulhefte mitnehmen!«

Der Lehrer fragt: »Wisst ihr, warum man einem Stier einen Ring durch die Nase zieht?« Meldet sich Fritzchen und gibt zum Besten: »Vielleicht ist er verheiratet?«

Die Mutter mahnt: »Zukünftig sagst du nicht mehr ›Maul‹, sondern ›Mund‹. Haben wir uns verstanden?« Antwortet Fritzchen: »Ja, Mama.« Daraufhin darf Fritzchen im Garten spielen. Nach kurzer Zeit kommt er wieder ins Haus gestürmt und verkündet: »Mama, Mama, im Garten ist ein Mundwurfshügel.«

Der Lehrer: »Fritzchen, was bedeutet das: Ich gehe, du gehst, wir gehen, ihr geht, sie gehen?«
»Nun, ich würde sagen: Alle sind weg!«

Fritzchen schreibt einen Brief an den Weihnachtsmann. »Lieber Weihnachtsmann, mein Papa ist arbeitslos, meine Mama liegt im Krankenhaus. Ich wünsche mir so sehr einen neuen Schulranzen und ein Mäppchen mit Füller,

Buntstiften und Lineal, aber meine Eltern können sich das nicht leisten. Deshalb wünsche ich es mir zu Weihnachten.« Der Brief wird auf dem Postamt geöffnet. Die Beamten dort sind gerührt und sammeln Geld für Fritzchens Geschenke. Als Fritzchen das Paket an Heiligabend auspackt, verfasst er sogleich einen Dankesbrief: »Lieber Weihnachtsmann, vielen Dank, dass du mir meine Wünsche erfüllt hast. Nur das Lineal hat gefehlt, aber das haben sicher die Idioten von der Post geklaut...«

Der Lehrer stellt folgende Aufgabe: »Bildet einen Satz, in dem die Worte ›Samen‹ und ›säen‹ vorkommen. Meldet sich Fritzchen: »Hallo zusammen, morgen säen wir uns wieder.«

Die Lehrerin schreibt an die Tafel: »Gestern ging ich ein Auto kaufen.« Sie bittet Fritzchen: »Kannst du diesen Satz vorlesen?« Fritzchen, der in der hintersten Reihe sitzt, beginnt: »Ja, da steht: ›Gestern trat ich in einen Hundehaufen.‹« Die Lehrerin: »Aber Fritzchen, da steht doch: ›Gestern ging ich ein Auto kaufen.‹« Darauf Fritzchen zu seinem Sitznachbarn: »Du Depp – wenn du nicht lesen kannst, dann brauchst du auch nicht vorsagen!«

Fritzchen kommt zum Kinderarzt: »Ich habe eine 2-Euro-Münze verschluckt.«
»Oh, wann ist das passiert?«
»Vor einer Woche.«
»Und warum kommst du erst heute zu mir?«
»Weil ich das Geld erst jetzt brauche.«

Stolz erzählt Fritzchen in der Schule: »Ich verdiene jetzt nebenbei Geld als Musiker.« Fragt ein Klassenkamerad: »Wie denn das?« Antwortet Fritzchen: »Ganz einfach. Ich fange an, Trompete zu spielen, und mein Nachbar zahlt mir jedes Mal zwei Euro, damit ich aufhöre.«

Klein Erna fragt ihre Mutter: »Mama, warum hat die Frau dort ihre Zehennägel rot angemalt?«
»Damit ihr niemand auf die Füße tritt.«

Die Schule brennt. Die Feuerwehr ist bereits mit den Löscharbeiten beschäftigt. Da geht Fritzchen hin und wirft Papier ins Feuer. Meint der Feuerwehrmann: »He, warum wirfst du denn Papier ins Feuer? Willst du, dass die Schule schneller abbrennt?« Antwortet Fritzchen: »Aber nein, ich wollte helfen – es war Löschpapier.«

Klein Erna fragt ihre Mutter: »Du, darf ich dir mal eine Frage stellen?« Antwortet die Mutter: »Hast du doch eben schon gemacht.«

Zum Grübeln und Schmunzeln

Die besten Scherzfragen

Was schwimmt auf dem Fluss und fängt mit »D« an?

Drei Enten.

Was ist ein Keks unter einer Tanne?

Ein schattiges Plätzchen.

Was geht übers Wasser, ohne nass zu werden?

Eine Brücke.

Zu welcher Tageszeit wurde Rom erbaut?

Ist doch klar: nachts. Laut Sprichwort wurde Rom nicht an einem Tag erbaut.

Was sagt der Hase zum Schneemann?

»Möhre her oder ich föhne!«

Was geht mit dir baden, ohne nass zu werden?

Dein Schatten.

Welche Sprache spricht man in der Sauna?

Na, logo: Schwitzerdeutsch.

Warum kratzt sich die Känguru-Mutter?

Ihr Junges hat Zwieback im Bett gegessen.

Wie nennt man eine Person, die nicht alle Zehen an einem Fuß hat?

Normal – die Zehen verteilen sich auf zwei Füße.

Womit spielen Eskimos »Mensch ärgere dich nicht«?

Mit Eiswürfeln.

Wie lautet das Gegenteil von »Festhalle«?

Ganz einfach: »Losbude«.

Welches Tier hat nur ein einziges Bein?

Fies, fies: ein halbes Hähnchen.

Wo hört Feuer auf und wo fängt Rauch an?

Beim »R«.

Welche Namen mögen Geschäftsleute besonders gern?

Einnahmen.

Welcher Lehrer gibt die meisten Noten?

Der Musiklehrer.

Welche Birne kann fliegen?

Ist doch klar: die Birne Maja.

Welche Nudel kann man nicht essen?

Die Ulknudel.

Welches Brot findest du niemals auf dem Frühstückstisch?

Das Abendbrot.

Was hast du gern und trittst es doch?

Den Fußball.

Wann fangen Entenküken an zu schwimmen?

Wenn sie in tiefes Wasser kommen.

Was trägt eine Brille, kann aber trotzdem nichts sehen?

Die Nase.

Wobei vertippt sich eine Schulsekretärin besonders häufig?

Beim Lotto.

Was ist schlimmer als eine Giraffe mit Halsweh?

Ein Tausendfüßler mit Hühneraugen.

Warum fährt der Bauer mit einer Dampfwalze über den Acker?

Er will Kartoffelbrei anbauen.

Was kann Tag und Nacht brennen, ohne dass es selbst verbrennt?

Die Brennnessel.

Rührst du deinen Tee mit der rechten oder mit der linken Hand um?

Nimm lieber einen Löffel!

Warum schämt sich das Kalb so?

Weil seine Eltern Rindviecher sind.

Was erhält man, wenn man einen Tausendfüßler und einen Papagei kreuzt?

Ein Walky-Talky.

Was ist vor dem Waschen sauber und nach dem Waschen schmutzig?

Das Waschwasser.

Warum ist das Pony des Indianers verschwunden?

Er war beim Friseur.

Warum klaut eine Blondine bei Aldi?

Na, weil es dort billiger ist.

In welchem Zug hat nur eine Person Platz?

Im Anzug.

Was kommt raus, wenn man ein Stinktier mit einem Adler kreuzt?

Keine Ahnung, aber es stinkt zum Himmel!

Welcher Schuss knallt nicht, tut aber sehr weh?

Der Hexenschuss.

Wer kann Geld verdienen, ohne auch nur einen einzigen Tag dafür zu arbeiten?

Der Nachtwächter.

Welchen Vornamen hat das Reh, das jedes Kind kennt?

Kartoffelpü... (Jedes Kind kennt das Kartoffelpüree!)

Welche Biere schäumen besonders stark?

Die Barbiere.

Welcher Wein wächst am Fuß eines Vulkans?

Glühwein natürlich.

In welchem Monat werden die meisten Kinder geboren?

Im neunten Monat.

Der Eimer ist leer und doch ist was drin – was kann das sein?

Ein Loch.

In welchem Land ist – dem Namen nach – nicht viel Platz?

In England.

Was muss man unbedingt tun, bevor man aus einem Auto aussteigen kann?

Na, einsteigen.

Wer reist innerhalb eines Monats um die ganze Erde?

Der Mond.

Welche Waage verwendet man nicht zum Wiegen?

Die Wasserwaage.

Kannst du höher springen als das Schulgebäude?

Klar, denn das Schulgebäude kann überhaupt nicht springen!

Was hat einen Kopf, aber kein Gehirn?

Ein Nagel.

Warum fahren Österreicher nicht nach Kanada?

Weil sie denken, dass sowieso »kana da« ist.

Wie sagt man »Postbote« ohne »o«?

Na, »Briefträger«.

Wie lässt sich der Geschmack von Salz verbessern?

Indem man Pommes dazugibt.

Warum zieht Opa vorsichtshalber einen Helm auf, wenn er die Zeitung liest?

Wegen der Schlagzeilen.

Warum trompeten Elefanten?

Weil sie so schlecht Klavier spielen.

Warum ist Aschenputtel aus der Fußballmannschaft geflogen?

Sie lief immer vom Ball weg.

Warum kann man Mäuse nicht melken?

Kein Platz für den Eimer.

Was kann man, wenn man es verliert, nur selbst wiederfinden?

Das Bewusstsein.

Warum sind Skelette schlechte Lügner?

Man kann sie leicht durchschauen.

Warum nimmt Tante Berta Brot mit auf die Toilette?

Sie will die WC-Ente füttern.

Warum ist ein Pferd lustig?

Weil es die ganze Wiese veräppelt.

Welche Mauer kann man durchbrechen, ohne dass auch nur ein einziger Stein herunterfällt?

Die Schallmauer.

Was erhält man, wenn man einen Specht und eine Brieftaube kreuzt?

Einen Vogel, der anklopft, wenn er die Post bringt.

Wie nennt man einen Immobilienmakler am Südpol?

Eisverkäufer.

Wie sagt man am schnellsten »getrocknete Getreidehalme«?

Ganz einfach: »Stroh«.

Kennst du ein eisenhaltiges Abführmittel?

Mit Sicherheit: Handschellen.

Was hat acht Füße und macht Musik?

Ein Streichquartett.

Warum soll man sich bei einem schweren Gewitter flach auf den Boden legen?

Damit der Blitz denkt, dass man schon tot ist.

Warum rennt der Bär durch den Wald und schreit laufend »Kugel, Kugel, Kugel«?

Ist doch klar: Es ist ein »Kugelschreibär«.

Wie kannst du ein Glas Limonade trinken, ohne das Glas zu berühren?

Versuch's mal mit einem Trinkhalm!

Welcher Tiger hat viel zu lachen?

Ein Lustiger.

Was ist ein Vogel auf deiner Fernsehantenne?

Ein TV-Star.

Warum gehen Bienen nicht zur Kirche?

Sie sind Insekten (»in Sekten«).

Unter welcher Phobie leiden Menschen, die Angst vor dem Nikolaus haben?

Klaus-trophobie – hahaha!

Wie spaltet man ein Atom?

Man gibt es seinem kleinen Bruder und ermahnt ihn, er solle es bloß nicht kaputt machen.

Was gehört dir, wird aber von anderen Menschen häufiger verwendet als von dir selbst?

Dein Name.

Warum ist die Karotte unbeliebt?

Sie ist ungehobelt.

Von welchem Laub gibt es nie genug?

Vom Urlaub.

Woran merkt ein Ostfriese, dass Ebbe ist?

Es staubt beim Rudern.

Welcher Sänger kann sich keine Noten merken?

Der Vogel – er singt immer vom Blatt.

Welches Tier ist am gefräßigsten?
Der Hase – er frisst mit zwei Löffeln.

Warum sind Scherzfragen gefährlich?
Wegen dem Kopfzerbrechen.

Welche Uhr ist stehen geblieben und zeigt trotzdem die richtige Uhrzeit an?
Die Standuhr.

Warum kann ein Fernseher die Tageszeitung nicht ersetzen?
In den Fernseher kann man nichts einwickeln.

Wie nennt man in Dresden ein Telefon?
Sachsofon.

Was verwendet ein Gespenst bei der Klassenarbeit?
Einen Spukzettel.

Ein Obstverkäufer auf dem Markt ist 1,80 Meter groß und hat Schuhgröße 45. Was wiegt er?

Na, Obst natürlich.

Was passiert mit Silber, das längere Zeit im Freien liegt?

Es wird geklaut.

Welcher Tiger sieht schlecht?

Ein Kurzsichtiger.

Welcher Pass ist in allen Ländern der Erde gültig?

Der Kompass.

Wann merkst du, dass du dringend abnehmen solltest?

Wenn du am Strand liegst und Leute von Greenpeace dich ins Meer zurückschleifen wollen.

Warum nimmt ein Ostfriese eine Leiter mit zur Tankstelle?

Weil die Preise steigen.

Mit welchem Fußball kann man nicht Fußball spielen?
Na, mit einem, aus dem die Luft raus ist.

Was heißt Rinderdiebstahl auf Englisch?
Oxford.

Welche Lehrer sterben nicht?
Die Mathelehrer – sie verlieren lediglich ihre Funktionen.

Warum sind große Menschen faul?
Sie liegen lang im Bett.

Warum fliegen Vögel in den Süden?
Es würde zu lange dauern, wenn sie zu Fuß gingen.

Welches Bild kannst du nur sehen, wenn das Licht aus ist?
Das Sternbild.

Warum gibt es Flugzeuge mit Propeller?
Damit der Pilot nicht schwitzt.

Wo arbeitet ein Bäcker auf dem Kreuzfahrtschiff?
Ist doch klar: Backbord.

Welchen Helm kann man nicht aufziehen?
Na, den Wilhelm.

Was ist grün und hüpft von Ast zu Ast?
Ein Eichhörnchen auf Polizeistreife.

Was ist weiß und hüpft von Ast zu Ast?
Ein ostfriesischer Arzt bei der Zeckenimpfung.

Was ist gelb und hüpft von Ast zu Ast?
Ein Postfrosch.

Was ist gestreift und hüpft von Ast zu Ast?
Tarzan im Schlafanzug.

Was ist ein Teddy im Kühlschrank?
Ein Eisbär.

Was für ein Tag war der 31. November 2009?
Gar keiner – der November hat nur 30 Tage!

Welcher Besen ist nicht zum Kehren geeignet?
Der Schneebesen.

Wann erreicht ein Trabi seine Höchstgeschwindigkeit?
Wenn er abgeschleppt wird.

Warum verwenden Schnecken keine Papiertaschentücher?
Weil »Tempo« draufsteht.

Welcher Kopf hat keine Ohren?
Der Salatkopf.

Was passiert, wenn du eine Nadel ins Wasser wirfst?

Sie kriegt Wasser ins Ohr.

Warum hat Opa Ernst seinen Computer auf den Boden gestellt?

Damit er nicht wieder abstürzt.

Wie schwer ist der Mond?

Immer unterschiedlich: mal nimmt er ab, mal nimmt er zu …

Welche Pflanze hat zwei G?

Ein Baum – er hat Zweige (»zwei Ge«).

Warum nimmt der ostfriesische Kapitän ein Messer mit aufs Schiff?

Damit er in See stechen kann.

Was heißt »Glatze« auf Indisch?

Dawarmalhaar.

Warum läuten im Kirchturm die Glocken?

Ist doch klar: Weil der Glöckner am Seil zieht.

Welche Bildung macht nicht klug?

Die Einbildung.

Was ist braun und kann tauchen?

Ein U-Brot.

Auf welche Gabe würdest du manchmal lieber verzichten?

Auf die Hausaufgabe.

Wann kann eine Traube fliegen?

Wenn man ihr das »r« wegnimmt.

Was ist der Unterschied zwischen einem Zeitungsausträger und einem Teppich?

Der Zeitungsausträger muss frühmorgens raus, der Teppich kann liegen bleiben.

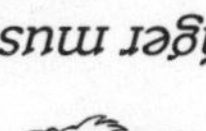

Welche Vögel legen keine Eier?

Männliche Vögel.

Was macht ein Kind in Badehose am Nordpol?

Na, was schon: Es friert!

In England spricht man Englisch. In Italien spricht man Italienisch. Was spricht man in Sachsen?

Na, Deutsch – was denn sonst?!

Was für einen Hund hält sich Graf Dracula?

Einen Bluthund.

Auf welchen Zettel kann man nichts schreiben?

Auf den Denkzettel.

Welcher Karren wird nicht gezogen?

Der Schubkarren – der wird geschoben.

In welchen Seen kannst du nicht schwimmen?

In den Museen.

Welcher Vogel hat ein kaltes Hinterteil?
Der Zeisig – hinten ist er eisig.

Auf welche Berge freuen sich Wanderer am meisten?
Auf die Herberge.

Was hat vier Buchstaben, fängt mit »Po« an und man sitzt darauf?
Des Rätsels Lösung: Pony.

Warum zieht Frau Müller ihre Schuhe erst eine Woche nach dem Kauf an?
Die Verkäuferin meinte, sie könnten die ersten Tage drücken.

Was ist noch gefährlicher als eine Zigarette?
Der Bahnübergang – ein Zug, und du bist tot.

In China gibt es eine neue Eisrevue. Wie heißt sie?
Holiday on Reis.

Was trägt seinen Namen auf dem Rücken?
Ein Buch.

Warum kann man bei einem Brot nicht anrufen?
Es ist meistens belegt.

In welchem Raum kannst du keine Bilder aufhängen?
Im Weltraum.

Warum wurden in Ostfriesland alle Toilettentüren ausgehängt?
Damit niemand durchs Schlüsselloch gucken kann.

Was riecht, obwohl es keine Nase hat?
Ein Stinkekäse.

Was ist gelb und kann schießen?
Eine Banone.

Was ist grün und macht »Muh«?
Ein Frosch mit Sprachfehler.

Welcher Fußballspieler trägt die größten Schuhe?
Ist doch logisch: der mit den größten Füßen!

Welcher Bus fuhr als Erster nach Amerika?
Kolumbus.

Warum läuft der Angsthase vor dem Einschlafen dreimal schnell ums Bett?
Damit er einen Vorsprung hat, falls ein Einbrecher kommt.

In welchem Stall kann man keine Tiere unterbringen?
Im Kristall.

An welcher Phobie leiden Luftballons?
Platzangst.

Warum weben Spinnen Netze?
Sie können nicht häkeln.

Was ist grün und horcht an der Wand?

Ein Spionat.

Wie bleibt Schweinefleisch länger frisch?

Indem man das Schwein leben lässt.